心理学検定
【一問一答問題集】
[A領域編]

日本心理学諸学会連合
心理学検定局 ● 編
実務教育出版

本書の刊行に当たって

　日本心理学諸学会連合（略して日心連）が主催する心理学検定試験は、2008年に始まりました。2016年には第9回の検定試験が行われます。

　受検を希望する方々から、「合格するためには、どのような本で学習したらよいか」「どの程度までの学習が必要か」などの質問が毎年多く寄せられてきました。このような疑問・要望に応えて、心理学検定の公式書籍として『心理学検定　公式問題集（年度版）』『同　基本キーワード［改訂版］』の2冊を刊行しています。しかし、特に初学者の方を中心として、「公式問題集と基本キーワードの2冊だけでは、十分な理解ができているか心もとない」「もっと手軽なサイズで、ポイントを絞った学習ができる本が欲しい」という不安や要望を聞くことが増えてきました。

　本書はそうした目的に合致した新たな公式書籍です。「A領域編」「B領域編」の2分冊として、全10科目でよく出題される事項、必ずマスターしてほしい事項を中心に掲載し、一問一答形式と〇×形式で効率よく学習ができるように構成しています。心理学検定に興味を持ちこれから学習を始める方にも手に取りやすく、また、すでに学習を進め本番に備えて理解度確認をしたいという目的にも使える内容となっています。

　心理学検定の資格は、既存の多くの心理学の資格や新たな国家資格「公認心理師」が大学院（修士）修了レベルの能力を必要とするのに対し、大学卒業レベルの能力を保証するものです。すなわち現存する諸資格の基礎資格的役割を果たすものです。また、就職・転職や大学院進学に役立つような資格になるよう期待されています。心理学を勉強された方々がご活躍できる職場を拡充し、安心して働ける職場を確保するためにも、心理学検定の社会的認知度の高揚と社会的価値の定着を願っております。

　読者の皆さんには、本書をはじめとする公式書籍を用いて、心理学の基礎的知識を身につけられ、めでたく検定の資格を取得してほしいと思います。そしてこの資格が、皆さんの充実した人生の一助となりますよう祈っております。

2016年2月

編者代表　心理学検定局顧問　太田　信夫

心理学検定局長　藤田　主一

目次 心理学検定 一問一答問題集［A領域編］

本書の刊行に当たって …………………………………………… 1
心理学検定の基礎知識と本書の構成 …………………………… 5

▶ 1 原理・研究法・歴史 ……………… 9

1-1	心理学のかたち	1-12	精神物理学
1-2	実験法	1-13	意識主義の心理学
1-3	調査法	1-14	精神分析学
1-4	観察法	1-15	新大陸の心理学
1-5	検査法	1-16	条件反射学と行動主義
1-6	心理統計の基礎	1-17	ゲシュタルト心理学
1-7	さまざまな考え方	1-18	近代精神医学
1-8	心理学研究の倫理	1-19	個人差への関心
1-9	心理学の専門性	1-20	社会心理学の始まり
1-10	哲学による心の探究	1-21	認知革命
1-11	19世紀ドイツの生理学	1-22	日本の心理学史

○×実力確認問題① ……………………………………………… 50

Column 1　心理学の資格をキャリアにつなげる ……………… 54

▶ 2 学習・認知・知覚 ……………… 55

2-1	古典的条件づけ	2-13	パターン認識
2-2	オペラント条件づけ	2-14	言語の理解
2-3	強化と弱化	2-15	思考
2-4	般化と弁別	2-16	視覚の神経生理学的基盤
2-5	条件づけの応用	2-17	明るさの知覚
2-6	弁別学習	2-18	色の知覚
2-7	運動学習	2-19	形の知覚
2-8	記憶のとらえ方	2-20	運動の知覚
2-9	記憶の区分	2-21	奥行きの知覚
2-10	ワーキングメモリ	2-22	錯視
2-11	長期記憶の種類	2-23	注意
2-12	日常認知	2-24	聴覚

○×実力確認問題② ……………………………………………… 96

3 発達・教育 ……………………………… 101

- 3-1 生物学的観点から見た発達
- 3-2 発達の理論
- 3-3 乳幼児期の身体・運動の発達
- 3-4 ピアジェとヴィゴツキーの発達理論
- 3-5 発達段階と発達課題
- 3-6 母子関係の理論
- 3-7 社会性の発達
- 3-8 道徳性の発達
- 3-9 思春期・青年期の心理発達
- 3-10 学習動機づけ
- 3-11 教授学習法
- 3-12 教育評価
- 3-13 学習・学力
- 3-14 知能に関する理論
- 3-15 知能検査
- 3-16 発達検査
- 3-17 発達障害
- 3-18 特別支援教育
- 3-19 教育相談・スクールカウンセリング
- 3-20 発達研究の方法

○×実力確認問題③ ……………………………………………… 142

4 社会・感情・性格 ……………………… 147

- 4-1 自己と社会
- 4-2 社会的認知
- 4-3 印象形成とステレオタイプ
- 4-4 対人魅力と親密な対人関係
- 4-5 協力・競争・援助行動
- 4-6 社会的影響
- 4-7 マスコミュニケーション・流言
- 4-8 感情の生起過程
- 4-9 感情と身体・生理
- 4-10 感情の分類
- 4-11 怒りと攻撃
- 4-12 感情と学習・記憶
- 4-13 感情の障害
- 4-14 パーソナリティ理論
- 4-15 パーソナリティの測定法
- 4-16 パーソナリティと健康・適応

○×実力確認問題④ ……………………………………………… 188

Column 2　心理学における用語変更の動向 ……………………… 192

5 臨床・障害 ……………………………… 193

- 5-1 精神分析と精神分析療法
- 5-2 精神分析の発展
- 5-3 分析心理学
- 5-4 行動療法
- 5-5 認知行動療法
- 5-6 クライエント中心療法
- 5-7 人間性心理学
- 5-8 催眠と自律訓練法
- 5-9 表現療法と心理アセスメント（投影法）
- 5-10 心理アセスメント（質問紙法・作業検査法）
- 5-11 知能検査と心理検査の妥当性・信頼性
- 5-12 面接法と操作的診断基準
- 5-13 統合失調症と躁うつ病
- 5-14 解離とPTSD
- 5-15 不安にかかわる精神疾患
- 5-16 身体にかかわる精神疾患
- 5-17 器質性精神疾患
- 5-18 子どもの問題と臨床
- 5-19 家族療法と短期療法
- 5-20 コミュニティ心理学
- 5-21 集団療法
- 5-22 臨床心理学の方法
- 5-23 日本で生まれた心理療法

○×実力確認問題⑤ …………………………………………… 234

図版の引用文献 …………………………………………… 238
編集委員・執筆者一覧 …………………………………………… 239

心理学検定の基礎知識と本書の構成

■心理学検定の概要

心理学検定は、大学卒業レベルの心理学の学力を証明するものです。この検定に合格することによって、自分自身の心理学の学力を確認するとともに、社会的にも心理学の学力を証明することにもなります。第14回検定試験からCBT（Computer Based Testing）形式で実施されています。

●受検資格

心理学部や心理学科の所属や卒業に関係なく、希望するすべての人が受検できます（試験会場のコンピュータを用いて試験を受けられること）。

●試験期間と試験会場

2023年から、春試験（2〜3月）と夏試験（7〜8月）の年2回実施されています。希望する試験日時と試験会場（47都道府県のすべてに試験会場を用意）を選んでオンラインで受検予約手続きを行います。

●試験の種類・試験時間・出題形式・出題数

A領域5科目とB領域5科目（p.6参照）ともに100分固定です。受検科目数による試験時間の変動はありません。A領域とB領域は、別日程・別会場で受検することも、同じ日に同じ会場で続けて受検することも可能です。問題はすべて4肢選択形式で、各科目から20問が出題されます。

●認定資格

心理学検定特1級：A領域の5科目、B領域の5科目の合計10科目のすべてに合格

心理学検定1級：A領域の4科目を含む合計6科目に合格

心理学検定2級：A領域の2科目を含む合計3科目に合格

●合否判定の基準

各科目の合否判定の基準は、約6割の正答率を目安とします。ただし、出題問題の難易度によって基準が変動する可能性があります。

※検定についての詳細は、公式ホームページ（https://jupaken.jp/）で最新の情報を必ずご確認ください。

■心理学検定の出題科目

　心理学には、「○○心理学」という言い方をすると、何十という心理学があります。日本心理学諸学会連合に加盟している学会数だけで56ありますし、まだ加盟していない学会もあります。こうして見ると、実にたくさんの心理学の領域があることがわかるでしょう。本心理学検定では、この多くの領域を一緒にできるところは一つの領域として、できるだけ少なくてわかりやすい10の領域（検定では「科目」と表記している）にまとめています。その10科目は、次のようになっています。

A領域	①原理・研究法・歴史／②学習・認知・知覚／③発達・教育／④社会・感情・性格／⑤臨床・障害
B領域	⑥神経・生理／⑦統計・測定・評価／⑧産業・組織／⑨健康・福祉／⑩犯罪・非行

　A領域は多くの大学で教えている内容の科目であり、B領域は必ずしも多くの大学で教えているとは限らない内容の科目です。ただし心理統計はほとんどの大学で開設されています。

　これらの科目の関係は、p.7の図のようになります。「原理・研究法・歴史」の科目は他の9科目のどの科目とも関係しています。また、同様に「統計・測定・評価」の科目も、他の9科目と関係しているといえるでしょう。すなわち、研究法や統計などはどの内容の心理学にも関係しているということです。そして、A領域の4科目は、B領域の4科目と、点線のつながりで示したように比較的対応しているといえます。

　このような科目の分け方の背景には、次のような考え方があります。心理学のコアとなる基礎的な領域を4つ挙げるとすると、認知心理学、発達心理学、社会心理学、臨床心理学となります。これらの心理学と関係の深い領域の心理学を同じ科目としてまとめたものが、図中A領域の最上段の4科目です。それらの科目にすべて関係する研究法や統計などの科目を考え、さらに先の4つの心理学ほど基礎的な領域ではないが、領域としてそれらと対等に存在する領域が、B領域の4つの科目です。

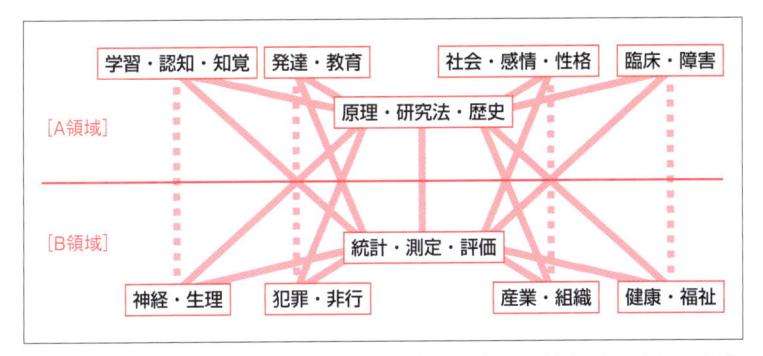

```
              学習・認知・知覚  発達・教育    社会・感情・性格  臨床・障害
                              原理・研究法・歴史
  [A領域]
  ─────────────────────────────────────────────
  [B領域]
                              統計・測定・評価
              神経・生理   犯罪・非行      産業・組織   健康・福祉
```

　しかし、以上の10科目は完全に分けられるものではなく、またこれらの領域から漏れている「○○心理学」もあります。たとえば、数理心理学、交通心理学、環境心理学などです。

　心理学は心の学問であり、また行動の学問でもあります。目には見えない感情や意志などの心の働きや、頭の中の知的な働きについてそのメカニズムや法則を明らかにすることが、心理学の課題です。そのためには、実際には目に見える行動や言語表現などを対象として研究が行われます。近年は、コンピュータ関連の機器の進歩により、目に見えない脳部位や神経細胞の働きまで、画面上で確かめることができるようになりました。この意味で、心理学は脳科学の一部の領域も完全に取り込んで考えるようになっています。こうして考えてくると、心理学の隣接科学である生物学、医学、コンピュータ科学などとの境界がなくなりつつあるのが現状です。学問の領域地図も、時代とともに、研究の進歩とともに、日々、変化していることを忘れてはなりません。

　もう一つ重要なことは、心理学は基礎的な理論の発展と同時に、家庭、学校、企業、社会などにおけるさまざまな心の問題に取り組み実践的に解決することにも役立つということです。Ａ領域かＢ領域かを問わず、基礎と実践の両方からのアプローチが大切となります。

■**本書の構成と活用法**

本書は「A領域」に該当する5科目を収録しています。「B領域編」と2冊セットで、全10科目の学習ができます。

①**一問一答パート**

各科目を16～24のテーマに分類し、1科目96～151問で、左ページに問題、右ページに解答と解説の見開き構成です。

それぞれの問題は、過去の心理学検定の出題内容を分析してエッセンスを抽出したもので、出題頻度の高い事項を掲載しています。

付属の赤シートを使うと、解答と、解説中のキーワードが消えて見えなくなります。重要事項の暗記学習にご活用ください。

②**○×実力確認問題**

各科目の末尾に、50問の正誤を○×で答える実力確認問題を掲載しています。

一問一答パートの解答と解説を理解していれば、答えられる内容です。確認のため一問一答の解説参照ページを記しています。特に間違えた問題については、一問一答に戻って復習しましょう。

公式書籍としては、ほかに**「公式問題集（毎年刊行）」「基本キーワード」「専門用語＆人名辞典」**があり、併用すると学習効果が高まります。

「公式問題集」は、模擬問題と解説400問、毎年のCBT過去問から精選した問題と解説50問、受検情報や学習アドバイス、基本書ガイドなどの検定スタートガイドで構成され、合格に欠かせない学習アイテムです。

「基本キーワード」は、各科目で重要なテーマを「見出しキーワード」として精選し、2または1ページで簡潔に解説した基本テキストです。解説の中で特に重要な用語は「個別キーワード」として太字で示し、さらに右の欄外において補足説明を加えています。

「専門用語＆人名辞典」は、心理学検定局が精選したキーワードに基づく1,474の専門用語と205の人名を項目見出しとしてわかりやすく解説した、初学者にも使いやすい五十音順の辞典です。

1

原理・研究法・歴史

　目に見えない心をどう研究したらいいのか、たくさんの研究者が知恵を絞ってきたのが、心理学の歴史です。そして、心を研究するための大きな枠組みやルール（原理）や、見えないものを明らかにするさまざまなやり方（研究法）が整えられてきました。

　原理や研究法、心理学史を学ぶことで、心理学の全体像がわかります。それでも、心理学を初めて学ぶ人が、ここから学び始めると、あまりに大きく漠然としていて、イメージがつかみにくいかもしれません。そんなときは、いったん飛ばして、他の科目を学習してから、また戻ってみてください。具体的なことがわかると、全体像も理解しやすくなっているでしょう。

1 原理・研究法・歴史

1-1 心理学のかたち

Q001 形式科学と経験科学という二分法に基づくと、心理学はどちらに属するか。

Q002 日本の図書館で広く用いられている日本十進分類法において、心理学が属する類は、哲学、歴史、社会科学、自然科学のうちのどれか。

Q003 「心理学の過去は長いが歴史は短い」と表現して、心を研究しようとしての古くからの取組みと、自然科学の影響を受けつつ学問として成立した心理学とを区別する視点を提供したドイツの心理学者は誰か。

Q004 個性記述的な精神科学がめざすのは理解であることに対して、法則定立的な自然科学としての心理学がめざすのは何であると考えられるか。

Q005 心理学でしばしば用いられる、法則定立的な立場から、一般的な法則から導かれた仮説について実証的に検証する研究手法を何と呼ぶか。

Q006 インタビューを書き起こしたもののように、少なくともそのままでは量として集計しての分析ができないデータについて論じて示唆を得る研究を、量的研究に対して何と呼ぶか。

Q007 ヒトを含む生物がある機能を持つ理由への問いに対する答え方の次元が整理された、ティンバーゲン（Tinbergen, N.）の「4つのなぜ」は、至近要因、究極要因、発達要因ともう一つは何か。

▶▶▶ 1-1　心理学のかたち　解説

1 原理・研究法・歴史

A001 ☐☐☐
経験科学

形式科学は数学に代表されるように、公理から抽象論理で進められていく学問で、一方で経験科学は、現実世界にあることを扱い、その理論や法則を導き出していく。

A002 ☐☐☐
哲学

1類の哲学に含まれ、第2次区分では14が心理学である。現在では140〜146になっている。ただし、実際には36（社会）、37（教育）、49（医学、薬学）などに回る本も多い。

140.1

図1.1　日本十進分類法

A003 ☐☐☐
エビングハウス
(Ebbinghaus, H.)

エビングハウスは、無意味綴りを用いた記憶実験や、そこから得られた忘却曲線で有名。この言葉は、1908年に公刊された『心理学要論』の冒頭にある。

A004 ☐☐☐
説明

個性記述的／法則定立的という用語は、新カント学派の哲学者ヴィンデルバント（Windelband, W.）による。法則定立的な自然科学は、現象から一般的な法則を導き、適切な説明概念を用いての説明を図る。

A005 ☐☐☐
仮説演繹法
(えんえき)

仮説を置いて、それを演繹的に検証することから、仮説演繹法という表現となる。経験科学であるため、現実のデータを集めて実証すると見ると帰納的だが、統計的検定などを用いることで、演繹的な検証が可能となる。

A006 ☐☐☐
質的研究

このような質的研究は、病跡学や心理臨床の事例研究、ナラティブアプローチなどで見られる。なお、定量的研究に対する表現の場合は、定性的研究となる。

A007 ☐☐☐
系統進化要因
（系統発生）

ティンバーゲンは、魚類の比較行動学的な研究でノーベル賞を得た。「4つのなぜ」は、「○○はなぜ××するのか」というタイプの問いを解明する方向性を考えるうえで有用で、このうち系統進化要因は、そのような機能に至った進化の歩みを理由として考えるものである。

11

1 原理・研究法・歴史

1-2 実験法

Q008 心理学の実証研究を、実験的研究と相関的研究とに分ける場合、変数に対する何の有無を基準として分けるか。

Q009 分析モデルの観点からは、相関的研究は共分散構造モデルに対応するのに対して、実験的研究はどのようなモデルに対応すると考えられるか。

Q010 実験的研究において、実験者が直接に操作を加える変数を何と呼ぶか。

Q011 勉強中に流す背景音楽を何種類か用意し、その種類によって学習成績が影響を受けるかどうかを実験で検討する場合、学習成績は独立変数、従属変数のどちらであるか。

Q012 2種類の課題条件を実験参加者内計画で比較するため、右表のように2グループで実施順序を反転させ、順序効果を相殺する組み方を何と呼ぶか。

	A群	B群
第1セッション	課題①	課題②
第2セッション	課題②	課題①

Q013 睡眠不足が学習成績に与える影響を調べるために、普通に睡眠を取る実験参加者のグループと、睡眠の妨害を受けるグループとで比較を行う場合、前者は実験群、統制群のどちらであるか。

Q014 実験結果を右図のように棒グラフの形で表現するとき、独立変数は縦軸、横軸のどちらに置かれるか。

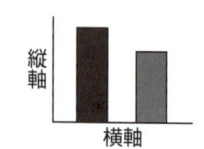

▶▶ 1-2　実験法　解説

A008 ☐☐☐
操作

ここでいう操作は、独立変数を実験者が観測したい状態に変えること。哲学の操作主義でいう操作とは異なる。

A009 ☐☐☐
因果モデル

実験的研究は、独立変数が従属変数に対して影響を与えるという因果関係の検証を図る。

独立変数 ──影響──▶ 従属変数

図1.2　因果モデル

A010 ☐☐☐
独立変数

他とは独立に操作されることからこの名がある。また、回帰分析の説明変数も、独立変数と呼ばれることがある。

A011 ☐☐☐
従属変数

ここでは、学習成績は直接には操作されず、背景音楽の操作によって影響を受けるかどうかが検討されるので、背景音楽が独立変数、学習成績が従属変数となる。

A012 ☐☐☐
カウンターバランス

先と後とでは実験への慣れや疲労などの影響が異なるので、順序を反転させた2群で相殺する必要がある。3種以上の課題がある場合にはラテン方格を用いるとよい。どの行、どの列とも、同じ番号は1回ずつ配置されている。

①	④	③	②
②	①	④	③
③	②	①	④
④	③	②	①

図1.3　ラテン方格

A013 ☐☐☐
統制群

統制群のほうには、実験操作を加えない。実験操作を加えた実験群との間で従属変数に差が認められた場合、操作の影響があったと判断できる。なお、別々の群を用意しない、実験参加者内計画での比較では、それぞれ統制条件、実験条件と呼ばれる。

A014 ☐☐☐
横軸

心理学では、棒グラフはほぼ例外なく縦向きに立てる形をとり、横軸を独立変数とする。縦軸が従属変数で、一般には各群または各条件の平均値を、グラフとして示すことになる。横軸が連続量の場合に用いられることが多い折れ線グラフでも、こういった示し方は同様となる。

1 原理・研究法・歴史

1-3 調査法

Q015 質問紙調査でよく用いられる、「とても好き」「やや好き」「どちらでもない」「やや嫌い」「とても嫌い」のような、複数段階の言語表現から最もよく当てはまるものを選択させる回答方式は、提案者の名前を取って何と呼ばれているか。

Q016 「仕事や家庭生活に満足していますか」のように、一つの項目でやや異なる複数の事項について尋ねることになる質問を何と呼ぶか。

Q017 質問紙尺度の信頼性を確認するために、同じ人に同じ尺度を、期間をしばらく空けて2回実施し、同様の結果が得られるか確認する方法を何と呼ぶか。

Q018 質問紙のみによって、要因操作を伴う実験的研究を行うことはできるか。

Q019 集合調査、面接調査、電話調査のうち、調査対象者を幅広い地域から得たい場合に最も実施しやすい手法はどれか。

Q020 標本抽出の際に、まず母集団をいくつものクラスターに分け、そこから無作為抽出されたクラスターのみから対象者を抽出するなど、複数段階に分けて抽出を行う方法を何と呼ぶか。

Q021 オズグッドら（Osgood, C. E. et al.）が言葉の内包的意味を把握するために開発し、今日ではさまざまな対象の感性評価に用いられている測定法は何か。

1-3 調査法　解説

A015 □□□
リッカート法

リッカート（Likert, R.）は、民主的管理システムであるシステム4の有用性を説いた組織心理学者。リッカート法は、評定尺度法とも呼ばれ、統計処理に関しては議論があるものの、心理学の内外で広く用いられる。

A016 □□□
ダブルバーレル質問

このような質問では、仕事のみ、あるいは家庭生活のみに満足を感じる場合にどう答えるかがはっきりせず、妥当性が落ちる。バーレルとは銃身や砲身のこと。

A017 □□□
再検査法（再テスト法）

このようにして確認される信頼性を、再検査信頼性と呼ぶ。知能やパーソナリティのような、安定性の高い構成概念を扱う場合は、数か月を空けて検証することも多い。一方、気分など不安定なものを測る尺度には適さない。

A018 □□□
できる

たとえば、「〜のようなとき、あなたはどうしますか」と尋ねる場面想定法では、複数の場面を取り上げることで、これを独立変数とした操作が成立する。

A019 □□□
電話調査

このような場合には、調査者にも回答者にも物理的な移動を要しない電話調査や郵送調査が使いやすい。

A020 □□□
多段抽出法

複数の段階に分けて抽出することからこう呼ばれる。全国調査で、全対象者からいきなり無作為抽出で決めることはむしろ困難で、多段抽出を用いるのが現実的である。

A021 □□□
SD法（意味微分法、セマンティックディファレンシャル法）

対義語になる形容詞対を多数用い、リッカート法による双極尺度で測定していく。活動性、評価性、力量性からなる3次元構造が得られやすいことが知られている。

1-4 観察法

Q022 組織的観察法のうち、観察者自身が観察対象に加わり、かかわりの過程や中からの視点で見えてくるものにも迫れることをねらう観察法を何と呼ぶか。

Q023 他の人から見られているとわかることによって、観察される側の行動に変化が生じるという観察者効果が現れたことで知られる、メイヨー（Mayo, G. E.）らが行った一連の実験を、研究フィールドとなった工場の名前を取って何と呼ぶか。

Q024 観察期間を細かい時間単位に区切り、各単位内において生起した行動を記録していく方法を何と呼ぶか。

Q025 マウスなどのげっ歯類を、正方形または円形のまったく何もない場に放ち、活動性や新奇環境に慣れていく過程やその個体差を観察する方法を何と呼ぶか。

Q026 動物の知性を考えるうえで、「より低次の心的能力の結果として解釈できるのであれば、より高次の心的能力を持ち出して解釈するべきではない」とする考え方は、提唱したイギリスの心理学者の名前を取って何と呼ばれるか。

1-5 検査法

Q027 いろいろな課題からなる知能検査を用いて、個々の課題の得点から知能全体を表す得点を推定する場合、知能全体の得点は測定変数、潜在変数のどちらに当たるか。

Q028 ウェクスラー式知能検査において得られる偏差知能指数は、平均および標準偏差がそれぞれいくつになるように作られているか。

▶▶▶ 1-4　観察法　解説

A022 ☐☐☐
**参与観察法
（参加観察法）**

人類学や社会学などでも広く用いられる観察法である。ほぼ確実に質的研究として行われ、進め方の自由度も高いが、それだけ研究者としてのセンスも問われる。

A023 ☐☐☐
ホーソン実験

米国イリノイ州にあったウェスタン・エレクトリック社のホーソン工場で行われた実験で、部屋の照明や温度などを上下させても、それと連動しない能率向上が見られるなどの想定外の知見が続いた。

A024 ☐☐☐
**時間見本法
（タイムサンプリング法）**

時間見本法では、統計処理に適したデータを得やすい。他に、目当ての行動が生じやすい場面を単位として見ていく場面見本法、起こった事象の内容を見る事象見本法といった手法もある。

A025 ☐☐☐
オープンフィールドテスト

身を隠すことのできない新奇な場で、不安反応や探索行動などが起こり、その後だんだんと馴化していく様子を見ることができる。

A026 ☐☐☐
**モーガンの公準
（モーガンの節約律）**

モーガン（Morgan, C. L.）が唱えたこの考え方は、実験による比較心理学や動物心理学の発展につながった。説明のための仮定は少なくすべきだという、科学論におけるオッカムのかみそりの考え方にも通じる。

▶▶▶ 1-5　検査法　解説

A027 ☐☐☐
潜在変数

直接に測定された変数が測定変数で、潜在変数はそこから統計的手法で推定される。モデル図では、□と○とで描き分ける。知能のような、直接に見ることのできない仮説構成概念は、潜在変数としてとらえることになる。

A028 ☐☐☐
**平均：100
標準偏差：15**

正規分布では、平均値から±1標準偏差の範囲に約68%が入る。すると、たとえば偏差知能指数が115であれば、集団内の上位5分の1に入っていると推測される。

Q029 面接法による検査で、尋ねていく内容や順序が一定程度決まってはいるが、構造化面接ほど固定的ではなく、面接者の自由度も確保されているような面接を何と呼ぶか。

Q030 面接者の性別や年齢、外見などが、被面接者の回答に影響し、本来得られるべき結果に歪みを生じてしまうことがあるが、この歪みを何と呼ぶか。

Q031 質問紙において、社会的望ましさに沿う方向へ回答が歪む傾向を検出するために質問項目の中に混ぜる、一般には当てはまる人がめったにいないはずの内容をあえて問う尺度を何と呼ぶか。

Q032 ロールシャッハテスト、絵画統覚検査、バウムテスト、P-Fスタディ、SCTといった心理検査によって代表される心理検査の種類は、質問紙法、投影法、作業検査法のうちどれに当たるか。

Q033 臨床場面においては、クライエントに対してより深く多角的な理解を得るため、同一の対象者に性質の異なる複数の心理検査を組み合わせて実施することが多いが、このような組合せを何と呼ぶか。

1-6 心理統計の基礎

Q034 得られたデータそのものを整理、要約して特徴を示す統計手法を記述統計と呼ぶのに対して、データから母集団の特徴を推測する統計手法を何と呼ぶか。

Q035 t検定やF検定といった、母集団に特定の分布を仮定する検定と、χ^2検定やフィッシャー（Fisher, R. A.）の直接確率計算といった、そうでない検定とを、それぞれ何と呼ぶか。

A029 □□□ 半構造化面接	心理学では、手続きがひととおり固まっていることを構造化と表現する。面接者の裁量で自由に展開できる面接は非構造化面接、ないしは自由面接と呼ばれる。	
A030 □□□ 面接者バイアス	年齢を持たない面接者は存在しないことからも、面接の時点でこのバイアスをゼロにすることは難しいとわかるが、面接結果の解釈で注意することになる。	
A031 □□□ 虚偽尺度 (L尺度、虚構尺度、ライスケール)	たとえば、「新聞の社説は毎日読む」や「今まで一度も風邪を引いたことがない」に○で答えると、よいことだがそれが事実である人はごくわずかであるはずなので、社会的望ましさの表れとして採点されることになる。	
A032 □□□ 投影法	曖昧で自由度の高い課題への反応から、パーソナリティや深層心理に迫るのが投影法で、絵を描く、物語を作るなど、さまざまな手法のものがある。質問紙法に比べて、検査の意図が見えにくいため歪曲されにくいが、検査者の熟練を要し、時間も長くかかるものが多い。	
A033 □□□ テストバッテリー (検査バッテリー)	このバッテリーは、野球のバッテリーと同じ語で、ひとまとまりに組まれたものを意味する。測定される意識水準やとらえ方が異なる検査を、必要に即して過不足なく組み合わせるところに臨床家のセンスが問われる。	

▶▶ 1-6　心理統計の基礎　解説

A034 □□□ 推測統計	心理学では、知りたい母集団は「人間」や「子育て中の女性」のようにほぼ無限の大きさを持つため、全員を調べて母統計量を得ることは不可能で、そこで統計的仮説検定などの推測統計が必要になる。
A035 □□□ パラメトリック検定 ノンパラメトリック検定	心理学では、母集団に正規分布を仮定することが比較的自然なものが扱われやすく、t検定や、F検定を用いた分散分析が多く使われる。

1 原理・研究法・歴史

Q036 t検定において、帰無仮説が正しい場合のt分布が下図のようである場合に、有意であると判断されるのは、得られた検定統計量tが臨界値$-A$〜Aまでの範囲の内側に入った場合と、外側に出た場合とのどちらであるか。

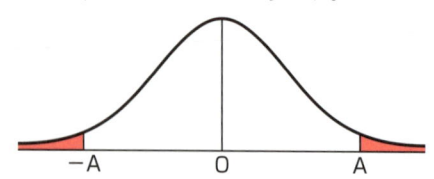

Q037 ある学年の生徒全体について、体重と心理的健康度の得点との積率相関係数を算出したところ0であった場合、体重と心理的健康度との間には関係がまったくないということはできるか。

Q038 スティーブンス（Stevens, S. S.）による尺度水準の4分類を下図のように情報量の多い順に並べたとき、A・Bに入るのはそれぞれ何か。

| 比率尺度 | ー | A | ー | B | ー | 名義尺度 |

Q039 検査の信頼性のうち内的一貫性の程度を推定するためによく用いられる、項目の総数、全体の分散、個々の項目の分散から算出される指標は何か。

Q040 優れているが項目が多く、実施に手間のかかる既存の心理検査に対して、簡便な短縮版を新たに開発した場合に、同じ集団から既存のものでの検査得点と短縮版の得点との両方を得て、その間の相関が高いことをもって確認される妥当性は何と呼ばれるか。

A036
外側に出た場合

一般に、統計的仮説検定では、なんらかの統計量について帰無仮説が正しい場合の理論分布を得て、事前に決められた有意水準よりも低い確率でしか起こらない範囲をその分布の外側に定め、標本から計算した統計量が境目になる臨界値よりも外側であれば、帰無仮説を棄却し、対立仮説を採択する。この状態を、有意と表現する。

| 帰無仮説を棄却 | = | 対立仮説を採択 | = | 有意 |
| 帰無仮説を棄却せず | = | 有意ではない |

図1.4 統計的仮説検定で用いる表現

A037
できない

積率相関係数は、線形関係の程度を知ることに適し、そうでない場合には注意を要する。たとえば図1.5のようなパターンでは、明らかに両者に関係性があるが、相関係数は0になる。

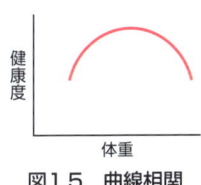

図1.5 曲線相関

A038
A：間隔尺度
（距離尺度）
B：順序尺度
（序数尺度）

四則演算がすべて成立する比率尺度、加減算は可能な間隔尺度、大小関係はあるが通常の演算は意味を持たない順序尺度、同一かどうかのみ判断可能な名義尺度の4水準に区分される。統計ソフトウェアSPSSでは、比率尺度と間隔尺度は「スケール」としてまとめられる。

A039
クロンバックのα係数

内的一貫性とは、検査を構成する項目がすべて同じものを測れる方向にそろっている度合いである。αの上限は1で、一般には0.8くらいあれば十分であるとされる。

A040
併存的妥当性

妥当性は、測定したい対象が適切にとらえられている程度であり、測定の精度である信頼性とともに、心理検査が備えるべき重要な特性である。併存的妥当性のほかにも、理論的にあるべき形で他の検査結果と対応するという構成概念妥当性、項目の中身を概念的に精査して確認する内容的妥当性など、さまざまなものがある。

1 原理・研究法・歴史

1-7 さまざまな考え方

Q041 発達の最近接領域の概念や、独り言をめぐるピアジェ（Piaget, J.）との論争などで知られるが、欧米ではしばらく顧みられず1980年代になって再評価が進んだ心理学者は誰か。

Q042 ベルタランフィ（Bertalanffy, L. v.）らによる、互いに作用し合う要素からなり部分に還元することのできない「システム」の概念を提唱し、心理学では特に家族療法に大きな影響を与えた理論は何か。

Q043 客観的な事実よりも、ある人が持つ世界として語られる物語や意味に注目し理解を図るアプローチを何と呼ぶか。

Q044 人工ニューロンにより組み立てられたネットワークで、コンピュータシミュレーションによって知識や問題解決に相当する処理が扱える数理モデルを何と呼ぶか。

Q045 範囲を成人までで区切らず、老いて亡くなるまでの人生すべてを対象とする立場をとる発達心理学の立場を何と呼ぶか。

1-8 心理学研究の倫理

Q046 研究実施時に、参加者に対してその目的や想定されるリスク等について事前に説明し、参加への同意を確認することを何と呼ぶか。

Q047 実験の真の目的に気づかれることが実験結果に影響することを防ごうと、うその目的を告げて実験を実施する場合には、実験終了後に事後的に説明を行う必要があるが、この説明を何と呼ぶか。

1-7 さまざまな考え方 解説

A041
ヴィゴツキー (Vygotsky, L. S.)
ソヴィエト連邦で活躍したヴィゴツキーは、唯物弁証法を背景に、社会文化的アプローチの考え方を拓いた。37歳で早世するが、1980年代に西側で「ヴィゴツキー・ルネサンス」と呼ばれる再評価の動きが起きた。

A042
一般システム論
システムの考え方は、科学哲学から制御工学、組織科学など、幅広い分野へつながる。心理学では、システム論的家族療法として、家族の誰かに現れている問題を、家族システム全体の病理と見て介入する技法を生み出した。

A043
ナラティブアプローチ
ナラティブとは語り、物語のこと。個性記述的な研究で特に有用なアプローチである。

A044
ニューラルネットワークモデル
一見複雑に見える認知処理も、このモデルで適切に学習させることでかなり再現ができる。近年注目されている機械学習であるディープ・ラーニングにもつながる考え方である。

A045
生涯発達心理学
発達とは本来、子どもが大人になっていくことであったが、発達課題や発達段階の考え方には、ライフサイクル全体にわたって発達的変化があるとする立場も多い。

1-8 心理学研究の倫理 解説

A046
インフォームド・コンセント
医学から始まった考え方で、ヒトを対象とする医学研究の倫理を扱ったヘルシンキ宣言でも分量が割かれている。なお、「説明と同意」や、医療場面向けの「納得診療」といった意訳もある。

A047
デブリーフィング
たとえば、予想外の事態へのとっさの判断を見たい実験では、事前に知られていては予想外にならなくなるため、もっともらしいカバーストーリーで隠して行う。実験におけるこのような「だまし」をディセプションと呼び、必ず後で十分な説明を行うことが求められる。

Q048 1971年にジンバルドー（Zimbardo, P. G.）の指導の下で行われたが、実験参加者に脱落や異常な行動が現れ出したことで中止され、研究倫理をめぐって議論を招いたことでも知られる実験は何と呼ばれるか。

Q049 動物実験においてとるべき方向性である、非動物技術への代替、被験体数の削減、生じる苦痛の最小化の3指針は、英語での頭文字に由来してどのように呼ばれるか。

Q050 ある研究知見について、同じ手法で同じことを実施し、同様の結果が再現されるかどうかを検証することを何と呼ぶか。

1-9　心理学の専門性

Q051 1949年に開催され、臨床心理学の教育訓練プログラムとして科学者-実践家モデルを採択した会議を、開催地名を取って何と呼ぶか。

Q052 クライエントから得られた秘密について、心理臨床家個人が一切口外できないのではなく、対象者を援助するチームないしは組織内から外には出さないという、下図のような形での守秘義務を何と呼ぶか。

Q053 心理臨床家がより優れた臨床家から指導や助言を受ける活動であるスーパービジョンにおいて、助言をする側と受ける側とはそれぞれ何と呼ばれるか。

A048 □□□
スタンフォード監獄実験

スタンフォード大学に監獄に似たリアルな実験場を作り、看守と囚人との役に分けられた実験参加者が、与えられた役割に従っていくさまを見るねらいの実験だったが、むしろ従い方が予想以上に強く出てしまって危険な展開となり、2週間の予定が6日で中止された。

A049 □□□
3R
（3つのR）

3指針は英語でそれぞれ、Replacement、Reduction、Refinementと表現されることから、3Rと呼ばれる。日本では、動物愛護法41条に相当する規定がある。

A050 □□□
追試

心理学では発明品や化石のような物証が得にくく、追試での再確認の意義が大きい。他の人が追試できるように、研究の手続きを論文にて明示することも重要である。

▶▶ 1-9　心理学の専門性　解説

A051 □□□
ボルダー会議

米国コロラド州ボルダーで開かれたこの会議を通して、臨床心理学の専門家の教育は、科学としての心理学の研究者と、臨床現場の実践者としての両方の訓練を兼ね備えることが求められるようになった。

A052 □□□
集団的守秘義務

守秘義務は、秘密保持義務とも呼ばれ、たとえば公認心理師法41条は、次のように定める。

> 公認心理師は、正当な理由がなく、その業務に関して知り得た人の秘密を漏らしてはならない。公認心理師でなくなった後においても、同様とする。

国家資格ではない資格や専門職でも、同様の倫理規定がある。スクールカウンセラーや医療現場の臨床心理技術者などは、集団的守秘義務の形をとるのが普通である。

A053 □□□
スーパーバイザー
スーパーバイジー

スーパービジョンを受けることは、臨床家としてのさらなる資質向上に不可欠である。なお、異なる分野の専門家への助言は、コンサルテーションと呼ばれる。

Q054 心理学的な支援は、必ずしも病気を抱えた人に対してとは限らないことから、個々について症例という表現はあまり好まれず、何と呼ぶか。

Q055 臨床研究や臨床実践では、対象者との間に研究または実践による以外の関係を作ってはならず、それ以前から他の関係性を持っている人物は対象としてはならないという原則を、何の禁止と呼ぶか。

Q056 公認心理師法42条1項を下記のように示した場合、空欄に入る語句は何か。

> 公認心理師は、その業務を行うに当たっては、その担当する者に対し、保健医療、福祉、教育等が密接な（　　）の下で総合的かつ適切に提供されるよう、これらを提供する者その他の関係者等との（　　）を保たなければならない。

1-10 哲学による心の探究

Q057 生物と無生物とは、霊魂（プシュケー）を持つかどうかで区別し、人間と他の動物とは、理性を用いるかどうかで区別されると主張した、古代ギリシアの哲学者は誰か。

Q058 フランスの哲学者デカルト（Descartes, R.）などが唱えた、人間を物質としての体と、心の働きとしての精神との二面に分けてとらえる考え方を何と呼ぶか。

Q059 観念は経験を積むことで作られていくと考え、心は「タブラ・ラサ」という白紙の状態から始まると主張したイギリスの哲学者は誰か。

A054 ☐☐☐
事例
(ケース)

英語ではいずれもcaseだが、分野や問題意識によって表現が異なる。やや似た例に、カウンセリングでは対象者が患者ではなくクライエントと呼ばれることがある。

A055 ☐☐☐
多重関係
(二重関係)

ユング（Jung, C. G.）の女性患者との性的関係の例はあるが、支援のための関係性への害、利己的な利用になる危険性などから、今日では禁忌である。ただし、学級担任が実施する教育相談、事例研究として自分の論文にまとめることを意識した臨床活動などは認める立場もある。

A056 ☐☐☐
連携

心理学の専門職には、さまざまな形での連携が求められる。学校心理学ではコラボレーションとも呼ばれる。基礎となる心理学の理解、具体的な援助技術、関連分野への理解のいずれもが重要となる。

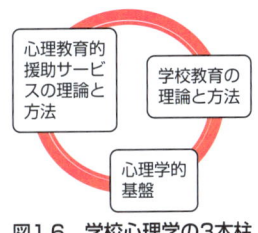

図1.6　学校心理学の3本柱
（心理教育的援助サービスの理論と方法／学校教育の理論と方法／心理学的基盤）

▶▶ 1-10 哲学による心の探究　解説

A057 ☐☐☐
アリストテレス
(Aristotelēs)

アリストテレスは、生物と無生物とを区別し、生物を感覚と運動能力のある動物と、ない植物とに区分することを試みた。また、理性を用いる人間の本質は、知を愛することにあるとした。

A058 ☐☐☐
心身二元論
(物心二元論)

プラトン（Platon）にも似た着想が見られ、哲学に古くからある考え方である。生気論、精神物理学、意識主義といった形で、草創期の心理学へと結びつく。

A059 ☐☐☐
ロック
(Locke, J.)

ロックは、イギリス経験論や感覚主義を代表する哲学者。ワトソン（Watson, J. B.）の「1ダースの子ども」発言に象徴される、行動主義の考え方の基盤となった。

Q060 懐疑論を批判し、知の根拠を共通感覚に置いたリード（Reid, T.）やブラウン（Brown, T.）、ビーティ（Beattie, J.）といった哲学者の学派を、活動した地域名から何と呼ぶか。

Q061 批判哲学を提唱したドイツの哲学者で、経験的な心理学は科学としては成立しないと主張したのは誰か。

Q062 物理学と心理学との関係、思惟経済説、時間や空間の感覚などを論じた、1886年に公刊されたマッハ（Mach, E.）の主著は何か。

1-11　19世紀ドイツの生理学

Q063 ミュラー（Müller, J. P.）が唱えた、個々の感覚を作るのは外界の事物そのものというよりも、それが感覚器官に強く起こす神経興奮であると考える説を何と呼ぶか。

Q064 ヤング（Young, C.）やヘルムホルツ（Helmholtz, H.）による色覚の三色説（ヤング=ヘルムホルツの法則）において原色とされた3種の色は、赤、青と、もう一つは何か。

Q065 下図のような横線が歪んで見える錯視図形に名前を残したドイツの生理学者で、反対色説を唱えてヤング=ヘルムホルツの法則を批判したことでも知られるのは誰か。

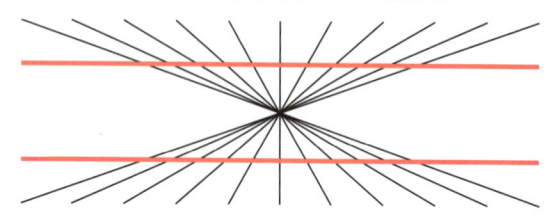

A060 □□□ スコットランド常識学派	経験論の流れをくむヒューム（Hume, D.）を批判し、誰もが当然に感じられる共通感覚（コモンセンス）からの出発を説いた。
A061 □□□ カント (Kant, I.)	カントは、人間の外の物自体が知覚されるという従来の方向性を反転させ、認識によって現象が構成されることを論じ、近代的な認識論を立ち上げたことでも知られる。
A062 □□□ 『感覚の分析』	マッハは、感覚や経験の重視、心身二元論の否定などの立場をとった。マッハ現象やマッハの本といった視覚現象の名前の由来でもある。　　図1.7　マッハの本

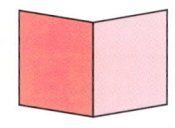

▶▶▶ 1-11 19世紀ドイツの生理学　解説

A063 □□□ 特殊神経エネルギー説	ミュラーは、主著『人体生理学ハンドブック』や微生物の研究でも知られる生理学者で、特殊神経エネルギー説は生理学者による感覚研究を促した。なお、ヴント（Wundt, W.）に続いて世界2番目の心理学実験室を開設したゲオルク・ミュラー（Müller, G. E.）とは別人。
A064 □□□ 緑	三色説は、この3色それぞれに対応する神経細胞があると考え、それらの反応の組合せでさまざまな色の知覚が生じると考えた。
A065 □□□ ヘリング (Hering, K. E. K.)	ヘリングは、赤と緑との組合せから黄色が得られるのは不自然であると見て反対色説を唱え、2対の軸で色相を説明した。これは、色対比や色残像といった視覚現象の知見とよく整合する。また、呼吸の調整にかかわるヘリング=ブロイエル反射の発見者でもある。　　図1.8　ヘリングの反対色説

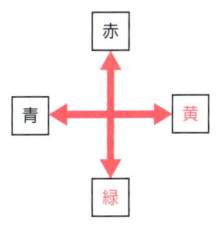

1　原理・研究法・歴史

1 原理・研究法・歴史

Q066 生命現象はすべて物理的、化学的な過程に還元されうるという、ヘルムホルツやデュボワ=レイモン（Du Bois-Reymond, E.）などがとった立場を何と呼ぶか。

Q067 ヘッケル（Haeckel, E.）が、進化論の影響を受けて唱えた反復説の考え方を、「個体発生は（　　）を反復する」と表現したとき、空欄に入る用語は何か。

1-12　精神物理学

Q068 ウェーバー（Weber, E. H.）によるウェーバーの法則に基づくと、200gのおもりの重さをだんだん増していって205gに達したときに重さの変化に気づいたとすると、400gのおもりから増していった場合に気づくのは何g増えたときか。

Q069 フェヒナー（Fechner, G. T.）が精神と身体との関係を追究する学問として着想した学問は何か。

Q070 ウェーバー=フェヒナーの法則で、刺激の物理量と心理量との関係はどのような関数で表現されるか。

Q071 極限法、恒常法、調整法のうち、だんだん小さい環へと進めていって切れ目の向きがわからなくなるまで行う視力検査のやり方に最も近いのはどれか。

Q072 マグニチュード推定法を用いた知見から、べき関数によって物理量と心理量との関係が表現されるべきと主張した米国の心理学者は誰か。

A066 □□□ 機械論	生命現象には物理化学的過程に還元されないものがあるとする考え方を生気論と呼び、ミュラーはこの立場を取ったが、その弟子であるヘルムホルツなどの機械論に取って代わられた。機械論は、心身二元論を否定する。
A067 □□□ 系統発生	ヘッケルは、系統発生つまり進化の考え方を、個体発生つまり発達と結びつけた。一方、個人差を進化に基づく「優劣」で解釈するなどの誤解にもつながった。

▶▶▶ 1-12 精神物理学 解説

A068 □□□ 10g	ウェーバーの法則は、基準刺激の強度をI、そこから強度を変化させた場合に変化に気づくことのできる強度変化の最小値をΔIと置くと、以下の式で表現される。 $$\frac{\Delta I}{I} = k$$　　kは同じ感覚であればIの値にかかわらず一定（ウェーバー比）
A069 □□□ 精神物理学	精神物理学は、物理学の一分野ではなく、精神の世界の心理量と、物理的な世界の物理量との関数関係を扱う。
A070 □□□ 対数関数	ウェーバーの法則を積分するという着想から、心理量が物理量の対数関数で表現される法則が導出された。
A071 □□□ 極限法	ランドルト環による視力検査は、容易なものから始め、弁別不可能になるまで進めて閾値を得る極限法に相当する。恒常法、調整法とともに、フェヒナーの時代からある測定法である。 図1.9 ランドルト環
A072 □□□ スティーブンス (Stevens, S. S.)	スティーブンスは音響心理学を専門とし、べき法則のほか、4種の尺度水準の考え方の提唱でも知られている。

1 原理・研究法・歴史

1-13 意識主義の心理学

Q073 1879年にヴント（Wundt, W.）が世界初の心理学実験室を開設した大学はどこか。

Q074 ヴントの生理学的心理学で用いられた、意識内容を実験参加者自身で観察、分析する研究手法を何と呼ぶか。

Q075 ブレンターノ（Brentano, F.）が提唱した、意識の内容よりも過程を重視し、志向性などの概念を見いだした心理学の分野を何と呼ぶか。

Q076 ブレンターノの影響を受けて、思考を実験的手法で研究したことに特徴のある、キュルペ（Külpe, O.）やアッハ（Ach, N.）による学派を何と呼ぶか。

Q077 ヴントが、高次の精神機能や文化、あるいは動物や幼児の内的過程は実験心理学的には扱えないと考えて、その代わりに用いるべきとした人文学的な手法による心理学を何と呼ぶか。

Q078 キュルペ、ティチナー（Titchener, E. B.）、ホール（Hall, G. S.）、エビングハウス、ウィトマー（Witmer, L.）、ベヒテレフ（Bekhterev, V. M.）、松本亦太郎のうち、ヴントの下で学んだとはいえないのは誰か。

1-13 意識主義の心理学 解説

A073
ライプツィヒ大学

大学において学問分野としての心理学の位置が認められたといえることから、これを心理学の始まりと考えることが多い。

A074
内観法

外から見ることのできない意識の要素や構成に迫る方法とされた。なお、吉本伊信が開発した心理療法としての内観法は、これとはまったく無関係である。

A075
作用心理学

ブレンターノは、心的内容を研究するのは心理学ではなく現象学であると考えて、心的内容へ向かう過程としての心的作用へ関心を向けた。

A076
ヴュルツブルク学派

ヴュルツブルク大学に心理学実験室を開設したキュルペが中心になったことからこの名がある。思考研究を適切に行うため、当時にしては珍しく、実験者と実験参加者とが別であるような実験手法を用いた。

A077
民族心理学

今日の視点から見れば、心理学というよりは文化人類学に近い手法である。なお、文化人類学の誕生は1922年とされることが多く、これはヴントの没後である。

A078
エビングハウス

ヴントの下には遠く米国や日本からも人材が集まり、世界中へ心理学を広めていった。臨床心理学のウィトマー、発達心理学のホール、広告心理学のスコット (Scott, W. D.) など、心理学の新たな領域を開拓した者も数多い。ヴントが「心理学の父」とされるのはこのような寄与にもよる。

図1.10 ヴント

1-14 精神分析学

Q079 神経学者シャルコー（Charcot, J.-M.）が医長となり、神経疾患や生体磁気説に基づく催眠の研究を展開した病院はどこか。

Q080 幻覚や麻痺などの症状に苦しみ、内科医ブロイアー（Breuer, J.）の治療を通して軽快したことが、フロイト（Freud, S.）が精神分析を着想する手がかりとなったとされる、当時21歳の女性の症例の名前は何か。

Q081 睡眠中に形を変えて現れる、無意識へと抑圧されたものの解釈について論じた、1900年に公刊されたフロイトの著書は何か。

Q082 フロイトが、自殺の精神分析学的理解や第一次世界大戦の影響のために考案した、死へと向かおうとする欲動の概念は何か。

Q083 フロイトと親交のあった精神科医で、国際精神分析協会の初代会長となるものの数年で精神分析運動から離反し、錬金術や曼荼羅に注目して独自の心理学を作り上げたのは誰か。

Q084 アンナ・フロイト（Freud, A.）とクライン（Klein, M.）との間で起こり、イギリスの精神分析界を二分するほどとなった論争で、論点になったのは何の方法論についてか。

Q085 鏡像段階、対象a、シェーマLなどの独自の述語や数式風の表現を用いた理論を唱え、フロイトの正統な後継者だと主張したフランスの現代思想家は誰か。

▶▶▶ 1-14 精神分析学 解説

A079 ☐☐☐ サルペトリエール病院	シャルコーは、パリにあるこの病院で神経学を発展させ、催眠研究ではサルペトリエール学派を形成した。フロイトも訪れてシャルコーから催眠療法を学んだ。後に、隣に移転していた病院と合併し、改称している。
A080 ☐☐☐ アンナ・O	この症例は、フロイトとブロイアーとの共著である『ヒステリー研究』で報告された。無意識内容の意識化に治療効果があると考えたことが、自由連想法の開発へとつながったと考えられている。
A081 ☐☐☐ 『夢判断』 (『夢解釈』)	事例研究から、夢に無意識の願望が充足される機能があると主張し、このような夢分析は精神分析の主要な技法の一つとして発展した。
A082 ☐☐☐ 死の欲動 (タナトス、デストルドー)	フロイトは当初、エロスと表現した生の欲動を、自我を動かすものとして考えていたが、対になる死の欲動を足して、二元論的な思想へと発展させた。
A083 ☐☐☐ ユング (Jung, C. G.)	ユングの拓いた世界は精神分析学とは区別され、分析心理学、あるいはそのままユング心理学と呼ばれる。日本には河合隼雄が、箱庭療法と関連づけつつ定着させた。
A084 ☐☐☐ 児童分析	アンナ・フロイトは、幼児に通常の精神分析的な解釈は適さないとし、親子並行面接を行ったが、クラインは遊びを自由連想に相当すると見て乳幼児への介入を行うべきであると主張した。
A085 ☐☐☐ ラカン (Lacan, J.)	ラカンは、「フロイトに還れ」と唱え、自我心理学などの流派を批判しつつ、精神分析学を構造主義的な発想から解釈し、フランス現代思想に大きな影響を与えた。

1 原理・研究法・歴史

1-15 新大陸の心理学

Q086 1890年に公刊された、ジェームズ（James, W.）の心理学者としての主著で、心理学的な自己や自我、習慣、意識の流れなどが論じられた著書は何か。

Q087 クラーク大学の総長であったホール（Hall, G. S.）が設立の呼びかけに参加して初代会長となった、1892年に設立された学会は何か。

Q088 ヴントに学んだティチナーの、意識を要素へと還元することをめざす構成心理学に対して、同時代のアメリカ心理学の主流であった、意識の適応性や習慣に関心を向ける心理学の分野は何と呼ばれるか。

Q089 動機づけないしは覚醒のレベルと学習成績との関係は、難易度に応じて下図のように描かれるとした法則を、考案者２名の名前を取って何と呼ぶか。

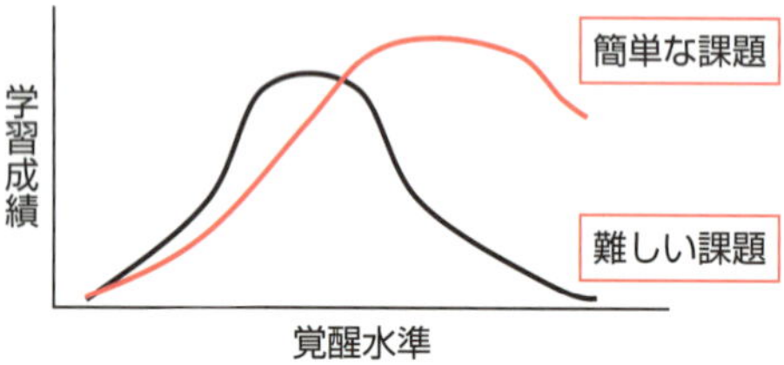

簡単な課題
学習成績
難しい課題
覚醒水準

Q090 試行錯誤学習の研究でも知られるソーンダイク（Thorndike, E. L.）が主導した、児童への学習指導の効果を定量化して用いていこうという運動を何と呼ぶか。

1-15 新大陸の心理学　解説

A086 ☐☐☐
『心理学原理』
(『心理學の根本問題』)

『心理学原理』は、ヨーロッパですら心理学が始まったばかりの頃に書かれたものである。ジェームズは後に、同じく米国のデューイ（Dewey, J.）などとともに、プラグマティズムの哲学者として活躍することになる。

A087 ☐☐☐
アメリカ心理学会

アメリカ心理学会は、1892年に約30名の会員で発足し、今では会員数12万人を抱える世界最大の心理学の学会となっている。なお、APAと略記されることもあるが、臨床心理学でよく参照されるDSMをまとめているアメリカ精神医学会もAPAと略されるので注意。

A088 ☐☐☐
機能心理学

ティチナーは、米国に渡ってヴントの心理学を推し進めたが、主流にはなれなかった。機能心理学は進化論の影響を受けつつ、米国に行動主義が登場し、定着していく下地をつくった。

A089 ☐☐☐
ヤーキス=ドッドソンの法則

ヤーキス（Yerkes, R. M.）は、チンパンジーやゴリラを対象とした比較心理学的研究や、史上初の非言語性の知能検査を含む陸軍知能検査の開発を行った。この法則は、後にザイアンス（Zajonc, R. B.）が社会的促進・社会的抑制の説明に用いるなど、変形されつつさまざまな領域へ応用されている。

A090 ☐☐☐
教育測定運動
(心理測定運動)

ソーンダイクは、シカゴ学派と並ぶ機能心理学の主要な学派であるコロンビア学派に属し、学習研究を行った。問題箱と呼ばれる装置を用いての試行錯誤学習の研究や、「すべて存在するものは量的に存在する。量的に存在するものはこれを測定することができる」と唱えて、教育効果や適性を定量化して活用することを推進した教育測定運動、英単語の出現頻度統計の教育応用で知られ、「教育心理学の父」とされることもある。

1-16 条件反射学と行動主義

Q091 ソーンダイクが、問題箱を用いた試行錯誤学習の研究から見いだした法則のうち、反応と結果との連合は何度もの反復によって強められていくというものは何か。

Q092 パヴロフ（Pavlov, I. P.）が消化腺の研究を行う中で、今日でいうレスポンデント条件づけを発見したのは、どんな動物種でのことか。

Q093 動物の弁別学習の手続きで、弁別の難易度をほぼ不可能なレベルまで上げていくと、異常行動が生じ条件反射が損なわれる現象は何と呼ばれるか。

Q094 論文「行動主義者のみた心理学」を1913年に発表し、科学としての心理学は客観的に観察可能な行動を研究対象とすべきだと論じた心理学者は誰か。

Q095 操作主義の思想の影響を受けて現れた新行動主義の考え方で、刺激と反応との関係を下図のように表現した場合に、Oがさすものは何か。

S（刺激） － O － R（反応）

Q096 新行動主義のうち、反射のような微視的な行動とは区別して、大きな意味での行動をとらえようとしたトールマン（Tolman, E. C.）の立場を何と呼ぶか。

Q097 著書『生体の行動』でオペラントという用語を導入し、オペラント条件づけをレスポンデント条件づけと区別したのは誰か。

1-16 条件反射学と行動主義 解説

A091 □□□
練習の法則

ソーンダイクが導いた法則はこのほかに、よい効果を生じた行動はまた起こりやすくなるという効果の法則が有名で、オペラント条件づけの考え方へとつながった。

A092 □□□
イヌ

餌と音との対提示を反復することで、音のみに対して消化液の一種である唾液が分泌されるようになることを発見した。

A093 □□□
実験神経症

当時は、精神病ほどには重くない心の問題を神経症と呼んで区分していたが、パヴロフはこの現象を、ヒトの神経症に相当する問題であると考えた。ヒトの精神疾患を他の動物で類推する動物モデルの考え方の先駆けである。

A094 □□□
ワトソン
(Watson, J. B.)

ワトソンはこの論文で、自然科学としての心理学は内観ではなく観察可能な行動を扱うべきとし、行動の予測と制御を目標に位置づけ、ヒト以外の動物も等しく研究対象としていくことなどを論じて、議論を呼んだ。

A095 □□□
有機体
(生活体)

物理学者ブリッジマン（Bridgman, P. W.）による操作主義によれば、操作的定義を与えれば直接に見えないものも科学の対象となる。ここから、観察可能なもののみによるS-R図式ではなく、organismの頭文字からOと表記される、生活体内に仮定される概念を組み入れたS-O-R図式を用いる新行動主義が発展した。

A096 □□□
目的的行動主義

トールマンは、従来の行動主義の想定よりも巨視的な、目的へと向かう行動に焦点を当てた。迷路学習実験から、サイン・ゲシュタルト説を唱えた。

A097 □□□
スキナー
(Skinner, B. F.)

スキナーは、刺激に誘発されるレスポンデント行動と、自発されるオペラント行動とを区別し、後者に関する条件づけの研究を、理論的にも実践的にも発展させた。

1-17 ゲシュタルト心理学

Q098 ゲシュタルト心理学は大きく2学派に分かれるが、グラーツ学派と、もう一つは何か。

Q099 心理学にゲシュタルトという用語を導入した、グラーツ学派の代表的な心理学者は誰か。

Q100 プレグナンツの原理による知覚のゲシュタルト要因のうち、下図で同じ色のものどうしが斜め方向にそれぞれまとまって見えることに対応する要因は何か。

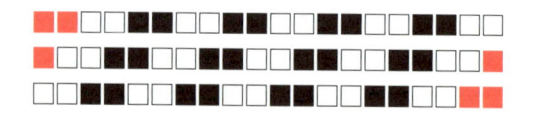

Q101 ケーラー（Köhler, W.）がチンパンジーの実験で見いだした、行動主義の考え方では説明しにくい学習は何か。

Q102 ケーラーの心理物理同型説、レヴィン（Lewin, K.）の生活空間理論や集団力学に影響を与えた、理論物理学者マクスウェル（Maxwell, J. C.）などによる物理学の考え方は何か。

Q103 行動は人と環境との関数であるとして、$B = f(P \cdot E)$という式に表現したゲシュタルト心理学者は誰か。

1-17 ゲシュタルト心理学 解説

A098
ベルリン学派

ベルリン大学のヴェルトハイマー（Wertheimer, M.）などによることからこの名がある。

A099
エーレンフェルス
(Ehrenfels, C.)

当時オーストリアのグラーツにいたエーレンフェルスが、1890年に公刊された論文で初めて用いたとされる。ゲシュタルトとは、ドイツ語で形を意味する。

A100
類同の要因

ベルリン学派による視知覚の研究は、さまざまな知覚のゲシュタルト要因を見いだした。同じようなものどうしがまとまる類同の要因、距離の近いものの間でまとまる近接の要因、閉じた形になるようにまとまる閉合の要因などがある。

図1.11 閉合の要因

A101
洞察学習

ケーラーは、チンパンジーなどの問題解決行動を研究し、『類人猿の知能試験』にまとめた。洞察学習は、試行錯誤を経ずに一度で起こり、行動主義とはなじみにくい。

A102
場理論
（場の古典論）

19世紀には電界と磁界とが電磁場という形で物理理論上で統一された。場理論は、人間の内外の世界を科学的に整理するために、しばしば心理学にも援用されてきた。

A103
レヴィン
(Lewin, K.)

考案者の名からレヴィンの式とも呼ばれる。行動Bはその人の内的要因Pと周囲の環境Eとの相互作用によることを示した。

1-18 近代精神医学

Q104 鎖につながれていた精神病者の解放や人道療法に取り組み、「近代精神医学の父」とされることもあるフランスの精神医学者は誰か。

Q105 クレペリン（Kraepelin, E.）によって確立された、外面に現れる徴候を子細に観察し、体系的な分類や予後の把握へつなげる精神医学の立場を何と呼ぶか。

Q106 ウィトマーが、1896年にペンシルヴァニア大学に設立した機関と、1907年に創刊して「臨床心理学」という用語を初めて冠した論文を載せた学術誌との名称は同一であるが、何という名前か。

Q107 精神病院への入院体験を『わが魂にあうまで』にまとめたビアーズ（Beers, C. W.）によって始められた、精神病者の理解や処遇改善を求める運動は何か。

Q108 第一次世界大戦において、身体的負傷はないにもかかわらず精神的な不調を来す兵士の報告が増加したが、この症状をマイヤーズ（Myers, C. S.）は何と呼んだか。

Q109 カウンセリングの源流となったと考えられている、米国における3種の運動は、精神衛生運動、教育測定運動と、もう一つは何か。

Q110 日本において、精神病者を「座敷牢」に監置することを禁じ、戦後の精神保健福祉の出発点となった法律は何か。

1-18 近代精神医学　解説

A104 □□□
ピネル
(Pinel, P.)

ピネルは、精神病者が犯罪人や浮浪者などとともに漫然と収容されていた時代に、フランス革命の影響を受けつつ、サルペトリエール病院などで改革を推し進めた。

A105 □□□
記述精神医学

クレペリンはこのような立場から、今日でいう統合失調症と双極性障害とに当たる区分を導いた。「近代精神医学の父」という表現は、クレペリンをさすこともある。

A106 □□□
心理学的クリニック
(心理クリニック)

ウィトマーはヴントの教え子であるが、米国へ帰国し、子どもの問題に対する支援を行う中で、臨床心理学という用語を用いて、思弁や実験室研究ではない、臨床現場からの心理学を唱えた。

A107 □□□
精神衛生運動

『わが魂にあうまで』は広く読まれ、ジェームズやホールなど、有力な心理学者からの支援の下で、コネチカット州精神衛生協会の設立に至った。ここから、精神衛生運動は世界へと広がっていった。

A108 □□□
砲弾ショック

当時は、砲弾の爆発による衝撃が神経系などに悪影響を生じたものと理解されていた。心的外傷後ストレス障害という診断名が登場したのは、ベトナム戦争を経て、1980年に発表されたDSM-Ⅲでのことである。

A109 □□□
職業指導運動

急速な工業化による産業構造の変化を受けて、個々人の適性に応じた職業選択を支援しようと展開された。ロジャーズ（Rogers, C. R.）のものと異なり、指示的カウンセリングに相当する形をとった。

A110 □□□
精神衛生法

制定当時は福祉の観点は薄く、後の改正で精神保健法、精神保健福祉法と変わるにつれて、精神保健福祉の体制が整えられていくことになる。

1　原理・研究法・歴史

1 原理・研究法・歴史

1-19　個人差への関心

Q111 遺伝や能力の個人差の研究に幅広く取り組み、相関係数の概念を考案したことでも知られるイギリスの人類学者は誰か。

Q112 ロンブローゾ（Lombroso, C.）が唱えた、犯罪者には頭蓋骨の形状などに類人猿寄りの特徴があり、彼らは劣った形質ゆえに文明社会に適応できず、なるべくして犯罪者になるという説は何か。

Q113 ゴダード（Goddard, H. H.）は、「カリカック家」の研究を通して、精神薄弱と当時呼ばれていた問題が何に由来すると主張したか。

Q114 芸術家や政治家など、傑出した才能を発揮した歴史上の人物について、精神病理の観点からその創造性の解釈を図る学問は何か。

Q115 ビネーとシモン（Binet, A. & Simon, T.）が1905年に発表したビネー・シモン式知能検査で、結果として示される数値は何か。

1-20　社会心理学の始まり

Q116 近代を迎えた人々が、付和雷同し衝動や感情に流され、断言や反復を用いる為政者に操られるさまを描いた、1895年に公刊されたフランスの心理学者ル・ボン（Le Bon, G.）の著書は何か。

Q117 社会心理学の初めての実験とされるトリプレット（Triplett, N.）の実験は、今日では何と呼ばれている現象を扱ったものか。

1-19 個人差への関心　解説

A111 □□□
ゴールトン
(Galton, F.)

ゴールトンは統計的な手法でさまざまな研究を行った。今日では単に相関係数と表現されることの多い積率相関係数を考案したピアソン（Pearson, K.）は教え子である。

A112 □□□
生来性犯罪者説
（生来的犯罪人説）

ロンブローゾは、進化論を取り入れての犯罪者研究を行った。実際に頭蓋骨の測定を行うなどして実証を図ったが、この説は後世の研究によって否定されている。

A113 □□□
遺伝

カリカックという仮名の人物からつながる2家系をたどり、遺伝の影響の強さを主張した。ただし、家系研究は家庭環境の影響が混入するため、強い証拠とはいえない。

A114 □□□
病跡学

作品や事績をたどり、精神病理は単なる悪ではなく、他の大多数の人が得られない創造性をもたらす側面があることを浮かび上がらせる人文学的な研究領域である。

A115 □□□
精神年齢

この検査は、何歳程度の知的能力があるかを測定した。これと実際の年齢である生活年齢との比から、知能指数が計算されるようになったのは、米国でスタンフォード・ビネー式知能検査へと改訂されてからである。

1-20 社会心理学の始まり　解説

A116 □□□
『群衆心理』

医師でもあったル・ボンは、フランス革命の混乱などを分析し、群衆の無定見性や凶暴さ、感染と表現される影響過程を批判的に描き出した。やや後に同じくフランスの社会学者タルド（Tarde, G.）が論じた、マスメディアに影響される公衆や模倣の概念と対比される。

A117 □□□
社会的促進

他者の存在が課題遂行を促進するのが社会的促進で、成績を落とす方向に生じる場合は社会的抑制と呼ばれる。

1 原理・研究法・歴史

Q118 マクドゥーガル（McDougall, W.）による集団心の考え方を、オールポート（Allport, F. H.）が批判して呼んだ表現は何か。

Q119 応用心理学的な研究を広く行い、1913年に公刊された著書『心理学と産業効率』などから「産業心理学の父」とされることのある心理学者は誰か。

Q120 レヴィンらによるアイオワ研究で、民主型、専制型、放任型のうち最も好ましい結果が得られたリーダーシップの類型はどれか。

1-21 認知革命

Q121 欲求や価値、動機づけが知覚に与える影響や、サブリミナル提示などを取り上げ、1950年代に多くの実験が行われた心理学の分野は何と呼ばれるか。

Q122 人工知能のダートマス会議が開催され、ミラー（Miller, G. A.）の認知容量の論文やブルーナー（Bruner, J. S.）の『思考の研究』が公刊されるなどして、「認知革命」の年とされることがある年は西暦何年か。

Q123 普遍文法の生得性を仮定する変形-生成文法理論を提唱し、言語学の立場から行動主義を批判したのは誰か。

Q124 用いる言語によって思考や認識が規定されるという考え方を、提唱した2名の言語学者の名を取って何と呼ぶか。

Q125 1967年に公刊した著書『認知心理学』で、情報処理的アプローチによる心理学的研究を体系化し、認知心理学という用語を定着させたのは誰か。

A118 □□□
集団錯誤

オールポートは、集団が形成されても意識は個々人にしかないとして、集団そのものが心を持つようにとらえる集団心の考え方は誤りだとした。

A119 □□□
ミュンスターベルク
(Münsterberg, H.)

ミュンスターベルクは、ヴントの教え子であるが、人材選抜や仕事効率などの産業心理学的なテーマを多く扱った。目撃証言の信用性に関する初期の研究者でもある。

A120 □□□
民主型

ベルリン大学の教授であったレヴィンは、ナチス政権の成立を受けて米国へ脱出し、この実験を行った。専制型リーダーも成果を上げるが、士気を保つことが難しく、民主型のほうが優れるという結果を得た。

▶▶▶ 1-21 認知革命 解説

A121 □□□
ニュールック心理学

精神分析学が存在を仮定した無意識の世界が実験的に検証できると期待されて流行した。実験手法の限界などが露呈して長続きしなかったが、実験社会心理学の発展や認知心理学の登場を準備したと考えられている。

A122 □□□
1956年

1956年夏にダートマス大学で議論を展開した若者たちが、後の認知研究を牽引した。ミラーの論文は、「マジカルナンバー7±2」という表現で知られ、短期記憶の容量をこう明言したように理解されることもある。

A123 □□□
チョムスキー
(Chomsky, N.)

ダートマス会議にも参加していたチョムスキーは、言語運用ではなく言語能力に着目し、内的な深層構造を想定する文法理論を生み出して注目されることになる。

A124 □□□
サピア=ウォーフ
仮説

言語相対性仮説とも呼ばれる。実証研究は、言語が完全に規定するとまではいかないものの、影響を与える面があるという「弱い仮説」には一定の支持を与えている。

A125 □□□
ナイサー
(Neisser, U.)

認知心理学という表題の書籍は、すでに1939年には出ているが注目されず、ナイサーによるこちらのものが、内容的にも今日の認知心理学によく当てはまるもので、広く読まれることとなった。

1 原理・研究法・歴史

Q126 問題解決過程の研究でしばしば用いられた、下の写真のようなパズル課題は何と呼ばれるか。

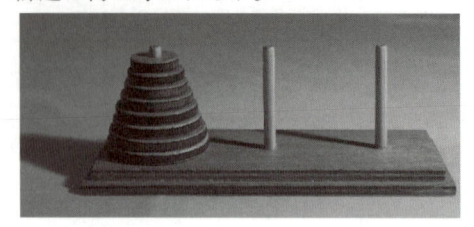

1-22　日本の心理学史

Q127「心理学」という訳語を初めて用いたのは誰か。

Q128 元良勇次郎が1903（明治36）年に日本初の心理学実験室を設置した大学はどこか。

Q129 1927（昭和2）年に松本亦太郎が初代会長となって設立された学会は何か。

Q130 催眠研究の後に、透視や念写といった超能力の研究に没頭して問題となったことで、東京帝国大学助教授の職を追われた人物は誰か。

Q131 日本の心理学の学会のうち、第二次世界大戦より前に設立され今なお続いているものは、日本心理学会、日本動物心理学会と、あと一つはどこか。

Q132 ビネー式知能検査の、今日なお改訂を続け用いられている日本版を開発するなど、日本における教育測定の発展に貢献し、心理学者で初めての文化功労者となったのは誰か。

| A126 □□□ ハノイの塔 （バラモンの塔） | 一番右の棒にすべての輪を通して重ねることが目標で、一度に1枚ずつ動かし、より小さいものの上には動かせないというルールがある。目標状態へ向けてどのように方略を立て、あるいは試行錯誤するかを観察するうえで広く用いられた。人工知能に解かせたり、近年では前頭葉機能を反映する神経心理学的検査課題として活用したりもされる。 |

▶▶▶ 1-22 日本の心理学史　解説

A127 □□□ 西周（にしあまね）	「心理学」は、ヘヴン(Haven, J.)のmental philosophyに対する訳語として案出されたが、後にpsychologyに対する訳語となり、定着した。
A128 □□□ 東京帝国大学	単に帝国大学という学校名だった時代に元良勇次郎が着任し、ジェームズの下で学んだ米国の心理学が伝えられた。戦後の学制改革で東京大学となっている。
A129 □□□ 日本心理学会	日本で最も権威ある心理学の学会とされ、今日では毎年数千人の参加者を集める学会大会のほか、認定心理士の資格制度を運営するなど、広く活動している。
A130 □□□ 福来友吉（ふくらいともきち）	元良勇次郎の教え子であるが、その没後に母校を追われることとなった。このことが、正常な人間の研究への志向を強めて、日本における臨床心理学の発展が滞る一因となったと考えられている。
A131 □□□ 日本応用心理学会	国内各地域での研究者の集まりに源流があり、日本応用心理学会と名乗っての活動は1936（昭和11）年からである。
A132 □□□ 田中寛一（たなかかんいち）	ビネー式知能検査の日本版は、他に鈴木ビネー、武政（たけまさ）ビネーなども作られたが、田中寛一によるものは東日本を中心に広く定着し、現行版は2003年に発行された田中ビネー知能検査Vである。

1 原理・研究法・歴史　実力確認問題

適切な記述は○、適切でない記述は×で答えなさい。

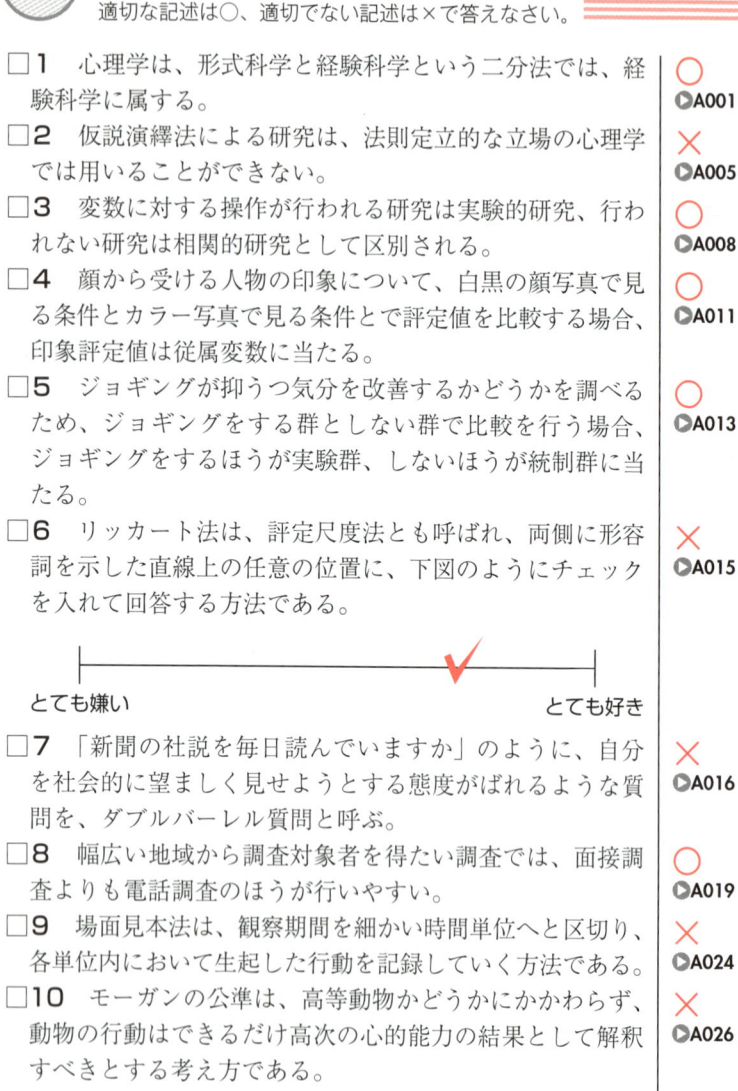

□1　心理学は、形式科学と経験科学という二分法では、経験科学に属する。　○　A001

□2　仮説演繹法による研究は、法則定立的な立場の心理学では用いることができない。　×　A005

□3　変数に対する操作が行われる研究は実験的研究、行われない研究は相関的研究として区別される。　○　A008

□4　顔から受ける人物の印象について、白黒の顔写真で見る条件とカラー写真で見る条件とで評定値を比較する場合、印象評定値は従属変数に当たる。　○　A011

□5　ジョギングが抑うつ気分を改善するかどうかを調べるため、ジョギングをする群としない群で比較を行う場合、ジョギングをするほうが実験群、しないほうが統制群に当たる。　○　A013

□6　リッカート法は、評定尺度法とも呼ばれ、両側に形容詞を示した直線上の任意の位置に、下図のようにチェックを入れて回答する方法である。　×　A015

とても嫌い　　　　　　　　　　　　　　　　とても好き

□7　「新聞の社説を毎日読んでいますか」のように、自分を社会的に望ましく見せようとする態度がばれるような質問を、ダブルバーレル質問と呼ぶ。　×　A016

□8　幅広い地域から調査対象者を得たい調査では、面接調査よりも電話調査のほうが行いやすい。　○　A019

□9　場面見本法は、観察期間を細かい時間単位へと区切り、各単位内において生起した行動を記録していく方法である。　×　A024

□10　モーガンの公準は、高等動物かどうかにかかわらず、動物の行動はできるだけ高次の心的能力の結果として解釈すべきとする考え方である。　×　A026

□11　非構造化面接は、尋ねていく内容や順序が一定程度決まってはいるが、完全に固定されているとまではいえず、多少の自由度はある。　×　A029

□12 面接では、面接者バイアスと呼ばれる、面接者の年齢や性別などによる面接結果への歪みが生じることがある。 ○ ▶A030

□13 t検定はパラメトリック検定、χ^2検定はノンパラメトリック検定に分類される。 ○ ▶A035

□14 間隔尺度よりも順序尺度のほうが、情報量が多いとされる。 × ▶A038

□15 内的一貫性の程度を推定するために、クロンバックのα係数を用いることができる。 ○ ▶A039

□16 既存の心理尺度とその短縮版との得点の相関が低いほど、短縮版の併存的妥当性は高いと結論される。 × ▶A040

□17 生涯発達心理学は、大人になるまでだけでなく、大人が年老いていくところも対象としていく発達心理学の立場である。 ○ ▶A045

□18 心理実験におけるインフォームド・コンセントとは、実験終了後に実験の真の目的について十分に説明を行うことである。 × ▶A046

□19 動物実験に関する3Rとは、非動物技術への代替、被験体数の削減、生じる苦痛の最小化をさす。 ○ ▶A049

□20 1949年のボルダー会議では、臨床心理学の訓練プログラムには研究の側面を組み込まず、実践家としてのスキル向上に徹するべきだと議決された。 × ▶A051

□21 コンサルテーションを受ける側をコンサルティと呼ぶように、スーパービジョンを受ける側はスーパーバイジーと呼ばれる。 ○ ▶A053

□22 カウンセラーは、クライエントとの間に多重関係を持ってはならないとされる。 ○ ▶A055

□23 デカルトは、人間の精神の働きは身体としての脳の活動に還元されると考え、心身一元論を唱えた。 × ▶A058

□24 スコットランド常識学派は、ヒュームの懐疑論に対して批判的な立場をとった。 ○ ▶A060

□25 特殊神経エネルギー説は、デュボワ＝レイモンが反射の研究から導き出した考え方である。 × ▶A063

1 原理・研究法・歴史

□26 ヤングやヘルムホルツといった生理学者が唱えた色覚の学説は、三色説と呼ばれる。　○　▶A064

□27 ヘルムホルツは、生命現象はすべて物理的、化学的な過程に還元されうるとする生気論を唱えた。　×　▶A066

□28 ウェーバーの法則は、刺激の物理量と心理量との関係をべき関数で表現する。　×　▶A068

□29 ヴントがライプツィヒ大学に心理学実験室を開設した1879年を、心理学の始まりと考えることが多い。　○　▶A073

□30 ブレンターノによる作用心理学は、意識の内容を要素に還元することを重視した。　×　▶A075

□31 ヴントの下で学んだ心理学者には、ティチナー、ウィトマー、松本亦太郎などがいる。　○　▶A078

□32 アンナ・Oの症例は、フロイトが自由連想法を着想する手がかりとなったとされる。　○　▶A080

□33 フロイトは『夢分析』を著し、夢に現れる集合的無意識の解釈について論じた。　×　▶A081

□34 児童分析をめぐる論争で、クラインは母子並行面接の必要性を主張して、アンナ・フロイトと対立した。　×　▶A084

□35 機能心理学は、19世紀の米国におこった、意識の適応性や習慣に関心を向ける心理学の分野である。　○　▶A088

□36 パヴロフは、イヌの消化腺の研究において発見した学習現象を、オペラント条件づけと命名した。　×　▶A092

□37 行動主義で知られるワトソンは、科学としての心理学は客観的に観察可能な行動を研究対象とすべきだと論じた。　○　▶A094

□38 新行動主義がとるS-O-R図式で、Sは刺激、Oは対象、Rは反応をそれぞれ表す。　×　▶A095

□39 ゲシュタルト心理学の大きな2学派のうち、ヴェルトハイマーはグラーツ学派に属する。　×　▶A098

□40 チンパンジーの洞察学習は、行動主義の考え方では説明しにくい現象である。　○　▶A101

□41 レヴィンは、行動は人と環境との関数であるという考え方を、$B=f(P・E)$ という式で表現した。　○　▶A103

- **42** 「近代精神医学の父」とされることもあるクレペリンは、外面に現れる徴候を子細に観察し、体系的な分類や予後の把握へつなげる精神医学の立場を確立した。 ○ ▶A105
- **43** 精神衛生運動、職業指導運動、教育測定運動は、いずれも今日のカウンセリングの源流となったと考えられている。 ○ ▶A109
- **44** 生来性犯罪者説は、生まれつき高い創造性を持つ人のほうが、文明社会においては犯罪に走りやすいとする。 × ▶A112
- **45** 1905年に発表されたビネー・シモン式知能検査では、知能指数は計算されない。 ○ ▶A115
- **46** ミュンスターベルクは、作業研究のホーソン実験、リーダーシップに関するアイオワ研究などさまざまな研究を行い、「産業心理学の父」と呼ばれた。 × ▶A120
- **47** 言語学者チョムスキーは、行動主義の考え方を取り入れ、普遍文法の生得性を仮定する文法理論を批判した。 × ▶A123
- **48** 下の写真のようなパズルは、ウェイソン選択課題と呼ばれ、問題解決過程の研究でしばしば用いられた。 × ▶A126

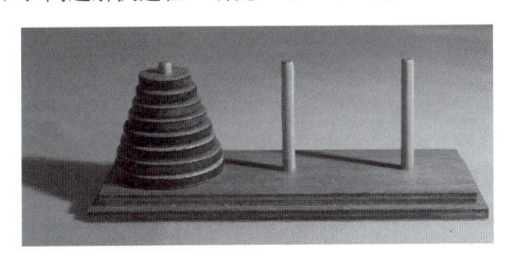

- **49** 西周は、英語のpsychologyに対してではないが、「心理学」という訳語を初めて用いた人物である。 ○ ▶A127
- **50** 元良勇次郎は、日本心理学会を設立し、初代会長となった。 × ▶A128

Column 1

心理学の資格をキャリアにつなげる

　さまざまな職場で、心理学がわかる人が求められています。スクールカウンセラーや、病院の臨床心理技術者だけではありません。一般企業にも、人材開発、マーケティング、製品やサービスの感性評価、職場のメンタルヘルス対策など、心理学の出番はたくさんあります。

　では、皆さんが企業側の立場で、心理学に詳しい人を採用したいとしたら、どのようにして応募者の能力を判断しますか？　面接で、「あなたは心理学に詳しいですか、得意ですか」と聞けばよいでしょうか？　それではおそらく、どの応募者の答えも一緒で、見分けがつきません。詳しいです、得意ですと答えれば、そうでない答えよりも有利になることが明らかだからです。

　そこで役に立つのが、資格です。信頼できる心理学の資格を持っていれば、心理学の知識や理解があることの証明になります。口だけなら何とでも言えますが、実力を示す証拠は、実力のある人にしか手が届かないからです。

　ですので、どんな資格でも強い証拠になるわけではありません。一般常識や暗記力も大事ですが、勉強しなくても常識や勘で正解できたり、決まったテキスト1冊の丸暗記で100点を取れたりするような資格試験は、専門性の証拠としては弱くなります。心理学に限らず、社会的に評価されている資格試験には、そのようなものはないはずです。

　一方で、専門性の高い心理学の資格には、実務経験を積んだり、大学院に進んだり、学会の会員になったりしてから受験資格が得られる、敷居の高いものもあります。このような場合、まずは基礎的な資格を取って、それを生かして臨床現場に出たり、大学院や学会に入ることを認められたりして、より高位の資格へ、そして高い専門性を生かせる仕事へとつなげることになります。心理学検定は、心理学の基礎資格として、そういったキャリアアップを応援するものでもあります。今こうして学んでいることを、皆さんのキャリアに、人生に、役立ててください。

（生駒 忍）

2

学習・認知・知覚

　今まさに皆さんが行っているのも学習ですが、心理学は「学習」をとても広く考えます。「経験による比較的永続的な行動の変容」という定義がされます。そして、学習が起こるためには、自分の周りの物事が見える、聞こえるという「知覚」が生じて、それについて考え、理解し、記憶に残していくという「認知」の働きがかかわっています。

　この科目は、基礎心理学と呼ばれることもあります。動物実験、神経系の働き、頭の中での情報の流れなど、かなり理系寄りの印象を受けるかもしれませんが、いずれも科学としての心理学の枠組みの基礎をつくるものです。しっかりと学習していきましょう。

2-1 古典的条件づけ

Q001 イヌを使った実験で、古典的条件づけと呼ばれる学習を発見したロシアの生理学者は誰か。

Q002 古典的条件づけにおいて、イヌが餌に対して唾液を分泌するような、生得的な反応のことを何というか。

Q003 古典的条件づけに関して、イヌが音を聞いただけで唾液分泌をするなど、条件づけで形成された反応のことを何というか。

Q004 古典的条件づけの形成後、餌を与えずに条件刺激だけを提示し続けると、イヌはやがて唾液分泌をしなくなる。この現象を何というか。

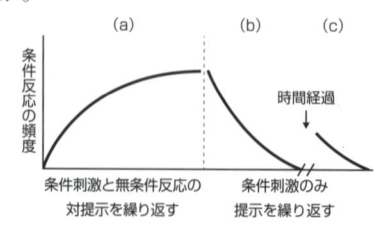

Q005 条件刺激と無条件刺激の組合せにおいて、生得的に条件づけが容易な組合せがある。このことを何というか。

Q006 助手のレイナー（Rayner, R.）とともに生後11か月の男児に対する恐怖反応の条件づけを行った米国の心理学者は誰か。

2-1 古典的条件づけ 解説

A001 ☐☐☐
パヴロフ
(Pavlov, I. P.)

パヴロフは、イヌにメトロノームの音を鳴らした後に餌を与えることを繰り返すと、音を聞いただけで唾液が分泌されることを発見した。これを古典的条件づけ、またはレスポンデント条件づけという。

A002 ☐☐☐
無条件反応（UR）

イヌに条件づけをしなくても、餌には唾液を分泌し、無条件に反射を引き起こす。このような刺激のことを無条件刺激（US）という。無条件刺激に対する反応のことを無条件反応という。

A003 ☐☐☐
条件反応（CR）

餌とは無関係な刺激（中性刺激）であるメトロノーム音が、条件づけによって、餌を予告する信号となり、条件刺激（CS）となる。

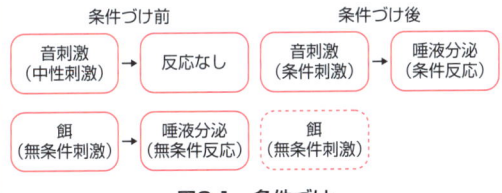

条件づけ前
音刺激（中性刺激）→ 反応なし
餌（無条件刺激）→ 唾液分泌（無条件反応）

条件づけ後
音刺激（条件刺激）→ 唾液分泌（条件反応）
餌（無条件刺激）

図2.1 条件づけ

A004 ☐☐☐
消去

図の（a）の期間が条件づけ、（b）の期間が消去である。唾液分泌がなくなるまで古典的条件づけの消去を行っても、実験を休止し、その後、条件刺激のみを提示すると、また多少唾液分泌が見られる。この現象を自発的回復という。図の（c）の期間が自発的回復に当たる。

A005 ☐☐☐
準備性

条件づけが困難な組合せのことを反準備性という。

A006 ☐☐☐
ワトソン
(Watson, J. B.)

ワトソンは、生後11か月の男児（アルバート坊や）に、ネズミを見せ、背後で不意に大きな音を出して脅かすという条件づけを繰り返した。その後に、ネズミを見せると、男児は強い恐怖反応を示すようになった。

2-2 オペラント条件づけ

Q007 有機体の、特定の誘発刺激がなくても自発した行動に強化刺激を随伴させ、その反応頻度などを変化させる過程や条件づけの操作のことを何というか。

Q008 ソーンダイク（Thorndike, E. L.）は、問題箱と呼ばれる装置を考案した。問題箱に入れられたネコは箱の中のひもを引くと外に出て餌を食べることができるように、仕掛けがなされていた。ソーンダイクは、問題箱の実験におけるネコの行動観察から、ネコは（　　）によって問題解決の方法を学習したことを示した。空欄に当てはまる語句は何か。

Q009 ケーラー（Köhler, W.）は、チンパンジーは（　　）によって問題解決をすることを主張した。空欄に当てはまる語句は何か。

Q010 バンデューラ（Bandura, A.）は、人形を用いた実験で、他者の行動を直接的に、またはビデオなどで見ることによって、学習が成立することを示した。このような学習を何というか。

Q011 もともとレパートリーにない、新しいオペラント行動を形成する方法の一つであり、まず、目標とする反応に近い反応を条件づけ、段階的に目標となる反応に近づけていくという方法を何というか。

Q012 トールマン（Tolman, E. C.）は、ネズミの迷路学習の実験において、ネズミは迷路が学習時と変化しても、目的地に到達できたことから、ネズミは（　　）という空間関係の表象を形成しているとした。空欄に当てはまる語句は何か。

▶▶ 2-2　オペラント条件づけ　解説

A007 □□□
**オペラント条件づけ
（道具的条件づけ）**

オペラント条件づけはソーンダイクによって初めて実験的に検討された。

A008 □□□
試行錯誤学習

問題箱の学習では、「ひもを引く」という刺激（S）と、餌を食べられたという満足をもたらした反応（R）の連合が形成される。ソーンダイクは、この試行錯誤による問題解決を、効果の法則によって説明した。問題解決に効果のある反応を行うと、その刺激状況とその反応の間の連合、つまりS-R連合が強められると考えた。

A009 □□□
洞察学習

ケーラーは、ソーンダイクの試行錯誤学習に対して、問題解決において、洞察が重要な役割を果たすとした。

A010 □□□
観察学習

モデリングとも呼ばれる。バンデューラの古典的な実験では、大人が攻撃的な行動をとるのを直接的に見た、または、大人の攻撃行動を録画した映像を見た子どもは、攻撃行動を多く示すことが見いだされた。

A011 □□□
シェイピング

反応形成ともいう。ネズミにレバー押しを条件づける場合、まず、ネズミがバーのほうに近づく反応を、餌を与えて強化し、次にバーに前足で触れる反応をすれば餌を与えて強化するといった方法で段階的に条件づけを行う。

A012 □□□
認知地図

この実験は潜在学習の実験と呼ばれる。潜在学習とは行動の遂行に直接的には表れない学習のことをいう。トールマンとホンジック（Tolman, E. C. & Honzik, C. H.）は、ネズミをゴールに餌を置く第1群と、餌を置かない第2群、初めは餌なしで11日目から餌を置く第3群に分けた。実験の結果、11日目までは、第1群に比べて、第2群と第3群の誤答数は多かったが、12日以降、第3群は第1群と同程度の成績を示した。この結果は、ネズミは餌によって認知地図を学習した成果を示したと解釈された。

2-3 強化と弱化

Q013 オペラント条件づけにおいて、オペラント行動の自発頻度と比較して、反応に随伴した後続の結果によって、その反応の生起確率が増えた場合の過程、および、操作のことを何というか。

Q014 オペラント条件づけにおいて、オペラント行動の自発頻度と比較して、反応に随伴した後続の結果によって、その反応の生起確率が減った場合の過程、および、操作のことを何というか。

Q015 スキナー（Skinner, B. F.）は、オペラント条件づけにおいて、反応をどのタイミングで強化することで、どのような強化のされ方が生じるかという規則について検討した。この規則のことを何というか。

Q016 オペラント条件づけは、下表のように4つの型に分類される。①〜④に当てはまる語句は何か。

	行動が増加	行動が減少
行動に対して刺激が提示	①	②
行動に対して刺激が除去	③	④

Q017 新行動主義者のハル（Hull, C. L.）は、生体は動因によって行動を始め、動因が満たされることで行動を終結し、強化されると考えた。この説を何というか。

2-3 強化と弱化 解説

A013
強化

たとえば、イヌに「お手」を教える場合、「お手」という言語刺激に対して、イヌが片方の前足を上げる反応を示せば、餌などの報酬を与える。このとき、餌は強化子といい、前足を挙げることに対して餌を与えること、つまり、特定の反応の頻度を高める操作を強化という。

A014
弱化
（罰）

たとえば、いたずらをした子どもを強く叱ることで、いたずらが減っていく場合が挙げられる。

A015
強化スケジュール

強化スケジュールには、反応がときどきしか強化されない部分強化と反応が毎回強化される連続強化などの種類がある。

A016
①：正の強化
②：正の弱化
③：負の強化
④：負の弱化

行動が増加する場合は強化、行動が減少する場合は弱化（罰）である。①は、たとえば、ネズミがレバーを押すと餌が与えられる場合が当てはまる。②は、子どもがいたずらをして叱られると、いたずらの頻度が減る場合が当てはまる。③は、テストで良い点を取れば母親から怒られないから、テストで良い点を取れるように勉強することが当てはまる。負の強化には、逃避学習と回避学習（逃避行動、回避行動ともいう）がある。④は、子どもがいたずらをしてテレビを見せてもらえなくなると、いたずらをする頻度が減る場合が当てはまる。

A017
動因低減説

ソーンダイクに続く連合理論的な学習理論に、動機づけの概念を取り入れて体系化したのがハルである。ハルは、生命を維持するために、行動を引き起こすものを動因と呼んだ。たとえば、空腹なネズミは飢えの動因が生じており、その動因に駆られて特定の反応を行うと餌がもらえる。そして、餌によって、飢えの動因は低減する。このように、動因の低減を伴った特定の反応は、その低減量の分だけ学習されると、ハルは主張した。

Q018 強化スケジュールは、回数や時間が固定されているのか、それとも変動するのかという点と、強化の反応回数によって決まるのか、それとも時間の経過によって決まるのかという点の組合せによって決定され、下表に示されるように、代表的な4パターンに分類される。下図は各種のスケジュール下における強化時と消去時の典型的な反応パターンを示している。A〜Dの名称は何か。

	固定	変動
強化が反応回数に依存	定比率（FR）	変動比率（VR）
強化が経過時間に依存	定間隔（FI）	変動間隔（VI）

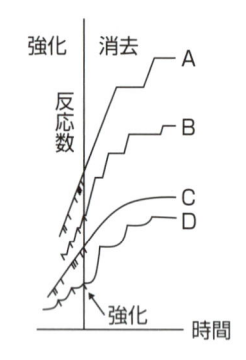

2-4　般化と弁別

Q019 古典的条件づけがなされたイヌは、条件刺激と物理的に似た別の刺激を提示された場合でも唾液を分泌するようになる。この現象を何というか。

Q020 オペラント条件づけにおいて、赤い光が点灯したときにネズミがレバーを押せば餌がもらえるが、緑の光が点灯したときにはレバーを押しても餌がもらえないという手続きを繰り返すと、ネズミは赤い光のときのみレバーを押す反応を示すようになる。これを何というか。

A018 □□□
A：変動比率(VR)スケジュール
B：定比率（固定比率）(FR)スケジュール
C：変動間隔(VI)スケジュール
D：定間隔（固定間隔）(FI)スケジュール

変動比率スケジュールは、反応率が非常に高く、消去しにくいという特徴を持つ。定間隔スケジュールで強化をしていくと、強化直後はしばらく反応せず、徐々に反応が増えていく。このような反応の出現にむらがある現象をスキャロップという。

定比率(FR)スケジュール	一定の決まった反応数に対して強化が与えられる。たとえば、ネズミが10回レバーを押すごとに、餌が与えられる（FR10と表現される）。
変動比率(VR)スケジュール	定比率スケジュールとは異なり、一定の決まった反応数ごとに強化が与えられるのではなく、平均してある回数の反応のたびに強化が与えられ、その回数は不規則に変化する。たとえば、VR10の場合、平均すると10回に1回の割合で強化が与えられる。つまり、10回目に強化される場合もあるし、6回目に強化されることもある。
定間隔(FI)スケジュール	前の強化から、一定の決まった時間が経過した後の最初の反応が強化される。たとえば、FI10では、ある反応が強化されてから10分経過した後の最初の反応を強化する。
変動間隔(VI)スケジュール	前の強化から、設定した時間間隔が経過してから最初の反応に対して強化を与えるが、その間隔の設定は不規則に変化する。たとえば、VI10では、前の強化から、平均して10分経過した最初の行動を強化する。

▶▶▶ 2-4 般化と弁別　解説

A019 □□□
般化
（刺激般化）

音の高さが異なるメトロノームの音を聞いても、唾液を分泌するようになる。このように、最初の条件づけ時に提示された刺激と異なる刺激に対しても条件づけの効果が広がることを般化という。般化の量は、提示された条件刺激との類似度に比例する（刺激般化勾配）。

A020 □□□
弁別

このような、類似した刺激から、特定の刺激だけに反応するようになることを弁別という。赤い光は弁別刺激と呼ばれる。

2-5 条件づけの応用

Q021 ワトソンが主張した、学習の基本的単位は条件づけによって形成される刺激と反応の連合であるとする理論を何というか。

Q022 不適応的な行動パターンを変容または除去し、適応的な行動を形成するために、オペラント条件づけ、および、古典的条件づけを、適用した心理療法のことを何というか。

Q023 古典的条件づけの原理を適用し、不安や恐怖を段階的に消去するウォルピ（Wolpe, J.）が発展させた行動療法の一技法を何というか。

Q024 行動療法におけるオペラント条件づけの正の強化を応用した技法であり、適切な反応に対して、トークン（代用貨幣）を与え、目標とする行動の生起頻度を高めようとする技法を何というか。

Q025 古典的条件づけの消去を応用した行動療法の一種で、恐怖症患者を、強い不安や恐怖を生じさせる状況や刺激に、想像上、あるいは実際に、さらす方法のことを何というか。

▶▶ 2-5 条件づけの応用　解説

A021　☐☐☐
S-R理論

ワトソンは、心理学は客観的に観察可能な行動のみを対象とすべきだとする行動主義を主張した。

A022　☐☐☐
行動療法

行動療法では、不適応行動の背後に、無意識的欲求や抑圧などの存在を仮定せず、行動や行動を強化するような随伴性と環境要因に焦点を当てる。

A023　☐☐☐
系統的脱感作法

系統的脱感作法では、①クライエントに全身をリラックスする方法を訓練する。②不安階層表と呼ばれる、不安や恐怖を喚起させる状況の段階的なリストを作成する。③不安階層表に従い、不安のレベルが低い場面から順に、不安や恐怖を感じさせる状況や刺激をクライエントにイメージさせたり、提示したりして、その状況でクライエントがリラックスする訓練を行う。このように、不安を喚起させる場面でリラックスできるように条件づけていく。

A024　☐☐☐
トークンエコノミー

例として、授業中に多動傾向が見られる児童に着席行動を形成する場合を挙げる。まず、授業時間中などの児童が着席すべき場面に10分間着席することができたときに、表に○をつける。表の○が10個たまったら、ごほうびとしてシール（トークン）がもらえる。このような手続きで、着席行動の改善を行う。

A025　☐☐☐
フラッディング

曝露療法の一種。曝露療法では、不安や恐怖の対象となる刺激に対して、体系的に直面させる。不安や恐怖を生じさせる刺激に曝露する時間が短すぎると、逆効果になることもある。

2-6　弁別学習

Q026 下図のような、オペラント行動における、先行刺激（A）、オペラント行動（B）、結果（C）の関係を何というか。

オペラント行動の増加

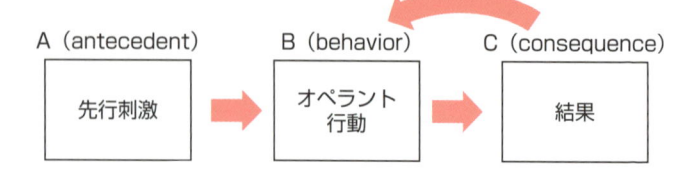

A (antecedent) 先行刺激 → B (behavior) オペラント行動 → C (consequence) 結果

Q027 上記のモデルに基づき、「交差点で青になったら横断歩道を渡る」という行動を分析すると、Aの刺激は「青信号」、Bの行動は「横断歩道を渡る」、Cの強化は「安全に渡ることができる」、という関係がある。「赤信号」の刺激では、行動は強化されない。この例における、青信号と赤信号をそれぞれ何刺激というか。

2-7　運動学習

Q028 運動技能の獲得のことをさし、単一の行為や、複雑な動作を獲得する過程のことを何というか。

Q029 運動学習の研究では、練習の時間配分の影響が検討されてきた。短期的には、（　A　）学習のほうが（　B　）学習よりも遂行がよくなることが明らかにされている。空欄A・Bに当てはまる語句は何か。

Q030 運動学習の獲得のためには、学習者へのフィードバックが有効であり、フィードバックする情報によって、大きく2種類に分けられる。結果の良し悪しについての情報を（　A　）といい、遂行の内容についての情報を（　B　）という。空欄A・Bに当てはまる語句は何か。

▶▶ 2-6　弁別学習　解説

A026 □□□
三項随伴性

三項強化随伴性、英語の頭文字を取って**ABC**ともいう。このようにA、B、Cの随伴関係を明らかにすることを**行動分析**という。授業場面を例に挙げると、教師が「この問題がわかった人は手を挙げてください」と指示することが先行刺激となる。これを受けて、問題を解いた児童が手を挙げて答えるという行動をとる。この行動に対して、教師や他の児童が評価するなどの反応が結果に当たる。この結果によって、同じような状況でその児童が問題を解いて挙手をする行動が安定的に起こる場合、個人と環境の間に良い相互作用が成立しているといえる。

A027 □□□
弁別正刺激S$^+$
弁別負刺激S$^-$

正の弁別刺激、**負の弁別刺激**ともいう。正の弁別刺激は、オペラント条件づけにおいて、ある反応が強化されることを意味する。一方、負の弁別刺激は、強化されないことを意味する刺激である。

▶▶ 2-7　運動学習　解説

A028 □□□
運動学習

人間の学習は、認知的な学習（「わかるようになること」）と運動学習・技能学習（「できるようになること」）の2つに大きく分けることができる。運動学習の例として、自転車に乗ること、パソコンのタッチタイピング、スキーやスケートをすることなどが挙げられる。

A029 □□□
A：**分散**
B：**集中**

長期間にわたって少しずつ練習を行う**分散学習**と、短期間にまとめて行う**集中学習**がある。**分散練習**、**集中練習**ともいう。短期的には、連続して練習するよりも、短い練習の間に休憩をとるほうがよいことが示されているが、長期的には分散学習と集中学習の間の差はなくなるとされる。

A030 □□□
A：**結果の知識**
B：**遂行の知識**

結果の知識は、**KR**（knowledge of results）、遂行の知識は**KP**（knowledge of performance）と呼ばれる。

2 学習・認知・知覚

2-8　記憶のとらえ方

Q031 記憶には、下図のように、3つの過程がある。情報を頭に入れる（A）、その情報を保持する（B）、必要に応じてその情報を思い出す（C）の3段階に分けることができる。（A）（B）（C）に当てはまる語句は何か。

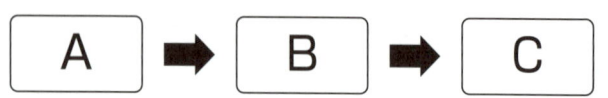

A ➡ B ➡ C

Q032 実験参加者にいくつかの単語などの刺激を見せ、それを覚えてもらい、その刺激を自由に思い出してもらうテストのことを何というか。

Q033 下図のように、記憶テストで、提示された項目のリスト内で何番目に提示されたかによって、その項目の記憶成績が異なる。このような提示順序による効果のことを何というか。

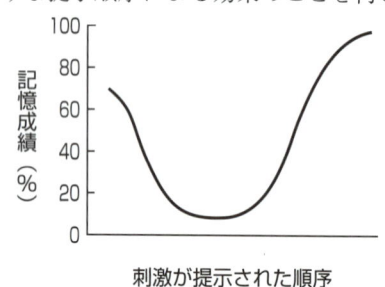

刺激が提示された順序

2-9　記憶の区分

Q034 記憶を保持時間で区分したアトキンソンとシフリン（Atkinson, R. C. & Shiffrin, R. M.）の記憶のモデルを何というか。

2-8 記憶のとらえ方　解説

A031
A：符号化
B：貯蔵
C：検索

符号化は記銘、貯蔵は保持、検索は想起と呼ばれることもある。たとえば、符号化とは「1879年に世界初の心理学実験室を開設したのはヴントである」と覚えることで、テストのときにその情報を思い出すのが検索である。覚えたときから思い出すまでの間、その情報が脳内に保たれており、これを貯蔵という。

A032
自由再生テスト

自由再生テストに対して、テストの際に「この刺激は先ほど出てきた刺激ですか」と尋ねる場合のテストのことを再認テストという。

A033
系列位置効果

リスト内での提示順序のことを系列位置という。リスト内の最初に近い項目の記憶成績が高くなることを初頭効果といい、最後のほうの項目の記憶成績が高くなることを新近効果（新近性効果）という。

2-9 記憶の区分　解説

A034
二重（多重）貯蔵庫モデル

アトキンソンとシフリンは、記憶を感覚記憶、短期記憶、長期記憶に区分した。感覚貯蔵庫（感覚登録器）では、保持できる情報は多いが、1秒程度しか保持できない。短期貯蔵庫（短期記憶）では、情報は15～30秒程度保持されるが、保持できる情報量は限られている（→マジカルナンバー7プラスマイナス2）。長期貯蔵庫（長期記憶）では、長い場合では情報を一生涯保持できるとされる。

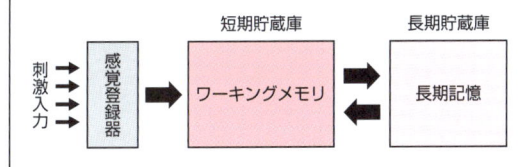

図2.2　二重（多重）貯蔵庫モデル

2 学習・認知・知覚

Q035 短期貯蔵庫（短期記憶）の情報の保存容量には限界があり、この短時間の間、記憶することができる情報量の数のことを何というか。

Q036 情報をより長く保持させるために、短期記憶内で覚えるべき情報を何度も繰り返すことを何というか。

2-10　ワーキングメモリ

Q037 短期記憶を、情報を短期間保持するだけではなく、情報を処理する機能も備えていると考える記憶のモデルを何というか。

Q038 下図は、バドリー（Baddeley, A. D.）によるワーキングメモリの代表的なモデル図である。図中の空欄に当てはまるものは何か。

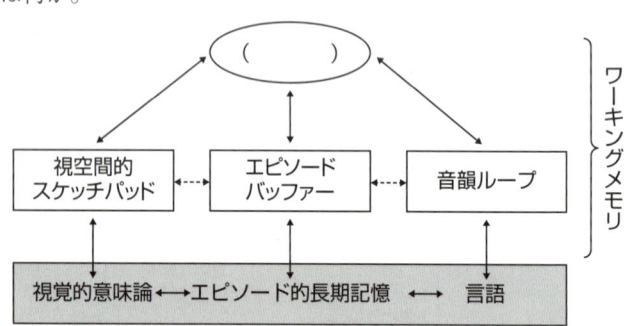

```
                    (         )
                   ↙   ↕   ↘
        ┌──────┐  ┌──────┐  ┌──────┐
        │視空間的│←┈→│エピソード│←┈→│音韻ループ│   ワーキングメモリ
        │スケッチパッド│  │バッファー│  │        │
        └──────┘  └──────┘  └──────┘
            ↕          ↕          ↕
        ┌─────────────────────────────┐
        │視覚的意味論←→エピソード的長期記憶←→言語│
        └─────────────────────────────┘
```

Q039 ワーキングメモリにおいて、音韻ループ、視空間的スケッチパッド、長期記憶からの情報、知覚情報をまとまりのあるエピソードに統合することが可能な一時的貯蔵システムであると仮定されるものはどれか。

A035 □□□
マジカルナンバー7プラスマイナス2

数字を何ケタまで保持できるのかをテストしてみると、成人の覚えられる数字のケタ数は、7ケタ±2とされている。つまり、平均7個の情報量を短期記憶に保持できるとされる。

A036 □□□
リハーサル

記憶の二重(多重)貯蔵庫モデルによれば、短期記憶内においてリハーサルされることにより、長期貯蔵庫(長期記憶)に転送される。

▶▶▶ 2-10 ワーキングメモリ　解説

A037 □□□
ワーキングメモリ

バドリーとヒッチ(Baddeley, A. D. & Hitch, G.)によって最初に提唱された。作動記憶とも呼ばれる。たとえば、本を読むときに、本の中の一部の文章の情報を保持し、長期記憶の知識を使って、その文章がどんな意味なのかを理解する。このように、ワーキングメモリはさまざまな情報処理を行う「作業場」として機能する。

A038 □□□
中央実行系

ワーキングメモリは、言語的・音韻的な情報の保持のための音韻ループ、視空間的情報の保持のための視空間的スケッチパッドが想定されており、それぞれ言語的、非言語的情報の一時的な貯蔵庫(バッファー)として機能するとされている。さらに、ワーキングメモリの中心的な役割を担う中央実行系がある。中央実行系はさまざまな情報処理を支える制御機能を持つ。

A039 □□□
エピソードバッファー

エピソードバッファーはワーキングメモリの概念が提唱された初期の段階では存在せず、2000年の論文で新たに追加されたシステムである。エピソードバッファーは音韻ループ・視空間的スケッチパッドとは異なり、感覚モダリティ(感覚様相)に依存せず、複数の情報源からの情報を統合し、保持する。つまり、エピソードバッファーは長期記憶とのインターフェイスのような役割を担う。

2-11 長期記憶の種類

Q040 長期記憶の一種であり、個人的な経験に関する情報の記憶のことをさす、「いつ」「どこで」という問いに答えられるような記憶のことを何というか。

Q041 長期記憶の一種であり、言葉では表現することが難しい記憶のことを何というか。

Q042 言葉の意味や概念など、一般的な知識の記憶である長期記憶の一種のことを何というか。

Q043 コリンズとロフタス（Collins, A. M. & Loftus, E. F.）によって提唱された意味記憶についての下図のようなモデルを何というか。

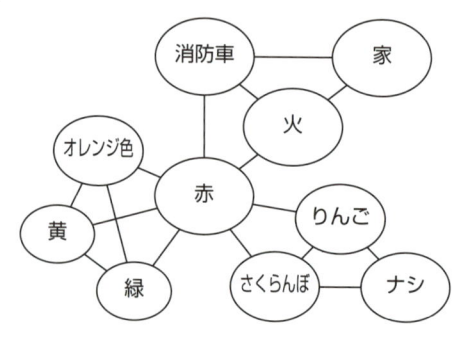

2-11 長期記憶の種類　解説

A040
エピソード記憶

長期記憶の区分の一つに、想起意識があるか否かによる区分もある。想起意識のある記憶を顕在記憶、想起意識のない記憶を潜在記憶という。図2.3に示すように、エピソード記憶は顕在記憶に区分される。

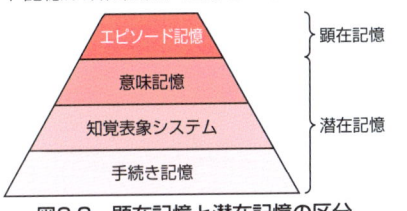

図2.3　顕在記憶と潜在記憶の区分

A041
手続き記憶

手続き記憶には、暗算や会話などの認知的なものと、水泳や運転などの運動的なものがある。手続き記憶は、潜在記憶に区分される（図2.3）。

A042
意味記憶

意味記憶は、潜在記憶に区分される（図2.3）。長期記憶の区分に、情報が言葉で表現できるかどうかの区分もあり、言語的な表現可能な記憶を宣言的記憶といい、不可能な記憶のことを非宣言的記憶という（図2.4）。意味記憶とエピソード記憶は、宣言的記憶に区分される。

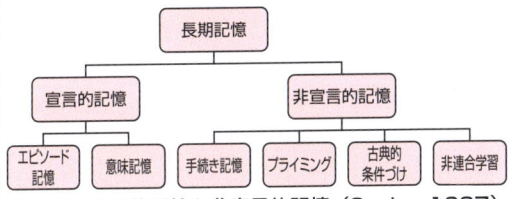

図2.4　宣言的記憶と非宣言的記憶（Squire, 1987）

A043
連想ネットワークモデル

このモデルでは、概念どうしが意味的な関連性によって結びついていると仮定する。また、活性化拡散という考え方も取り入れられている。意味記憶内のある概念が処理されると、その概念が活性化し、その概念と関連する他の概念にも活性化のエネルギーが広がっていくとする。

2-12 日常認知

Q044 厳密な条件統制の下で人間の認知過程の仕組みを明らかにしようとする実験室アプローチをとる認知研究に対して、より日常場面に近い状況における認知過程、あるいはその研究のことを何というか。

Q045 幼少期の出来事や他者との思い出など、個人史上の出来事についての記憶であり、自己や個人のアイデンティティと密接に関連する記憶のことを何というか。

Q046 下図に示すように、3歳以前の自伝的記憶の想起量が非常に少ない現象を何というか。

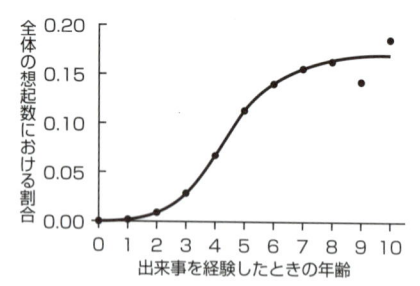

Q047 人間が行動したことで、あるいは行動しなかったことで生じた誤りのことを（ A ）という。（ A ）には、「アクセルとブレーキを踏み間違えた」という誤りのように、意図と結果が異なる場合の（ B ）や、「各駅停車だと思い込み、間違って快速電車に乗った」というように、意図そのものが状況の誤解などによりすでに誤りである場合の（ C ）などがある。空欄A〜Cに当てはまる語句は何か。

Q048 知能には、新しい問題や状況への適応を必要とする際に働く能力である流動性知能と、過去の学習経験を適用して獲得された知識や習慣、判断力である結晶性知能の2つがある。加齢による影響が少ないのはどちらか。

2-12 日常認知　解説

A044　□□□
日常認知

ナイサー（Neisser, U.）は、認知研究における生態学的妥当性の問題を指摘した。生態学的妥当性とは、研究手法や対象、実験状況が日常生活の場面にどの程度類似しているかを示す概念である。ナイサーは、実験室アプローチによる認知研究によって明らかにされてきた認知過程が、必ずしも日常の認知過程を反映しないと主張し、生態学的妥当性を重視した。

A045　□□□
自伝的記憶

生まれてから現在までの間で、どの時期の出来事をどのくらい思い出すかについては、10代後半から20代前半での出来事を回想する割合が多くなることが報告されている。この現象をレミニッセンス・バンプという。ただし、実験手続きや実験対象者の年齢によってピークの位置が異なる場合もある。

A046　□□□
幼児期健忘

シャインゴールドとテニー（Sheingold, K. & Tenney, Y. J.）は、弟や妹の誕生といった印象的な出来事でも、実験参加者が3歳未満のときに弟や妹が誕生した場合は、それはほとんど思い出されないことを報告している。

A047　□□□
A：ヒューマンエラー
B：スリップ
C：ミステイク

リーズン（Reason, J.）は、ヒューマンエラーを図2.5のように、意図しない行為と意図的行為の2つに分類した。ラプスとは、「薬を飲み忘れた」などの、実行段階における「し忘れ」のことをさす。

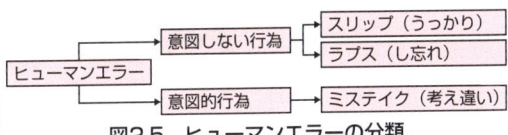

```
                  ┌─ 意図しない行為 ─┬─ スリップ（うっかり）
ヒューマンエラー ─┤                  └─ ラプス（し忘れ）
                  └─ 意図的行為 ────── ミステイク（考え違い）
```
図2.5　ヒューマンエラーの分類

A048　□□□
結晶性知能

キャッテル（Cattell, R. B.）は、因子分析の結果から、知能構造は流動性知能と結晶性知能という2つの因子によって構成されると主張した。加齢の影響が大きく表れるのは流動性知能であり、結晶性知能については加齢の効果は小さいとされる。

2-13 パターン認識

Q049 文字や図形、音声など、多くの異なった要素によって構成された対象を認識し、同定する能力のことを何というか。

Q050 人間の長期記憶内に、パターンの原型を示すものがあり、それと入力された情報との照合によって、認識が生じるとするパターン認識のモデルを何というか。

Q051 情報をいくつかの特徴によって構成されたものとしてとらえ、外部の刺激と、長期記憶内に貯蔵されている外部の刺激パターンの特徴リストが照合され、最も合致した特徴リストを持った情報が認識結果とされるとするパターン認識のモデルを何というか。

Q052 下図では、中央の文字は縦に読むと13、横に読むとBと読める。このように、人間の情報処理において、知識や期待に基づいて、理解・判断していく情報処理を何というか。

```
  12
A B C
  14
```

Q053 人間の情報処理において、断片的な情報を寄せ集めながら処理をしていく過程のことを何というか。

2-13 パターン認識　解説

A049 □□□
パターン認識

パターン認知ともいう。

A050 □□□
鋳型照合モデル

鋳型照合モデルはパターン認識の代表的なモデルである。ただし、認識可能なパターンの数やその変形（大きさや傾き、字体などの変化）の多様性を考えると、膨大な量の鋳型が必要となる。それらすべてについての鋳型が長期記憶内に存在することは不可能であると考えられる。

A051 □□□
特徴分析モデル

代表的な特徴分析モデルに、セルフリッジ（Selfridge, O. G.）のパンデモニアムモデルがある。パンデモニアムとは伏魔殿のことであり、情報処理モジュールを比喩的に示す「デーモン（悪魔）」の分業システムが仮定されている。①イメージデーモン、②特徴デーモン、③認知デーモン、④決定デーモンの4種類のデーモンが文字認識を行うとする。このモデルでは、イメージデーモンから送られてきた情報を、特徴デーモンが一度特徴に分けて分析し、その後、認知デーモンが各特徴を統合する。そして、決定デーモンが最終的な決定を行う。このように、パンデモニアムモデルでは、文字の認知はボトムアップ処理によってなされると仮定されている。

A052 □□□
トップダウン処理

概念駆動型処理とも呼ばれる。縦に読む場合は中央の文字が、数字が書かれているという期待から13に見えるが、横に読む場合は、アルファベットが書かれているという期待からBに見える。このような現象を文脈効果という。

A053 □□□
ボトムアップ処理

データ駆動型処理とも呼ばれる。入力情報の特徴を分析するという低次レベルの処理が行われ、その後、抽出された特徴を組み合わせてより高次なレベルの処理と進む。トップダウン処理とは異なり、知識や期待に依存しない。

2-14 言語の理解

Q054 意味を持った最小の言語単位のことを何というか。

Q055 アルファベットや平仮名などのような、それぞれの音素、音節という音韻情報を表す文字を何というか。

Q056 漢字などのような、一つの文字が語、あるいはその要素である形態素に対応する文字を何というか。

Q057 個人の脳内に存在するとされる、語に関する知識の総体のことを何というか。

Q058 文字列を視覚的に提示し、それが単語か単語でないかを判断させる課題を何というか。

2-15 思考

Q059 ある主張や仮説が正しいことを前提としたときに、その前提から論理的に正しい結論を導き出す際の推論のことを（ A ）推論という。一方、観察した個々の事実や事象に基づいて、それらを生じさせている原因や法則を推理することを（ B ）推論という。空欄A・Bに当てはまる語句は何か。

2-14 言語の理解 解説

A054 □□□
形態素

たとえば、「たべます」は「たべ／ます」に分けることができる。「たべ」は食べるという動作を、「ます」は丁寧さを表す。

A055 □□□
表音文字

アルファベットの「a」「w」や、平仮名の「わ」「ん」は、その音を表すものであり、その文字に意味を持たない。一方、数学記号のように、各文字の意味は明確であるが、読み方が明確でない文字を**表意文字**という。

A056 □□□
表語文字

漢字は、一つの文字に意味を持つ。

A057 □□□
メンタル・レキシコン

心的辞書や**心内辞書**と訳されることもある。**メンタル・レキシコン**は、発話や文章理解において重要な役割を果たす。

A058 □□□
語彙判断課題

課題では、単語と「ぎてみ」などの非単語（存在しない単語）を提示する。出現頻度の高い単語のほうが、低い単語よりも早く判断される。この現象を**単語頻度効果（単語の出現頻度効果）**という。

2-15 思考 解説

A059 □□□
A：演繹的
B：帰納的

推論とは、ある特定の前提から結論を導くことであり、**演繹的推論**と**帰納的推論**に分類される。演繹的推論の例として、数学の定理の証明や三段論法などが挙げられる。帰納的推論は、個々の事実や観察から仮説を生成する過程の根拠となっており、仮説検証の思考において重要な役割を持つ。

2 学習・認知・知覚

Q060 各カードの一面にはアルファベットが、反対の面には数字が書かれており、カードの両面の関係はある規則が成立している。「もしカードの片面がアルファベットの母音ならば、そのカードの裏面は偶数である」という規則が成立しているかどうかを調べるために、以下の4枚のカードのうち、少なくともどのカードをめくればよいか。

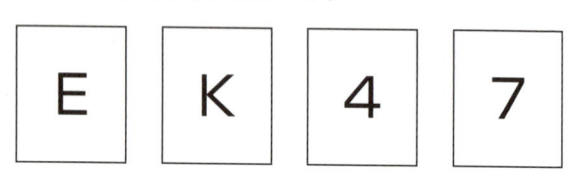

| E | K | 4 | 7 |

Q061 仮説を支持する証拠を探そうとするが、反証（仮説に合わない事例）は探そうとしない傾向のことを何というか。

Q062 証拠に基づく論理的、合理的で偏りのない思考のことを何というか。

Q063 自己の認知活動をモニタリングし、コントロールするという、自己の認知プロセスについての認知のことを（ A ）という。（ A ）は、認知プロセスについての知識である（ B ）と、認知プロセスのモニタリングとコントロールといった手続き的な側面である（ C ）に分類される。空欄A〜Cに当てはまる語句は何か。

A060 □□□
Eと7の両方のカード

この4枚カード問題は、ウェイソン（Wason, P. C.）によって考案された演繹的推論の研究で使用される古典的な課題である。Eのカードの裏面が偶数であった場合、規則が成立していることを確証できる。7の裏が母音であれば、規則が成立せず、反証例となるため、7もめくる必要がある。

A061 □□□
確証バイアス

4枚カード問題では、参加者の大多数はEと4を選択し、7を選択する参加者はごくわずかであることが知られている。この実験結果は、仮説を支持する証拠を探そうとする傾向に対して、反証を探そうとしない傾向、つまり確証バイアスを反映している。

A062 □□□
批判的思考

クリティカルシンキングとも呼ばれる。批判的思考における批判的とは、相手を批判・非難するという意味ではなく、自分の推論過程を意識的に吟味する点で内省的・熟慮的という意味を持つ。

A063 □□□
A：メタ認知
B：メタ認知的知識
C：メタ認知的スキル（メタ認知的活動）

メタ認知的知識は、「私は算数が得意である」「暗記には反復が重要である」といった自分や人間一般についての認知特性についての知識と、「時間がないとミスが増える」といった課題についての知識、「比喩は理解を促す」といった方略についての知識に分類される。

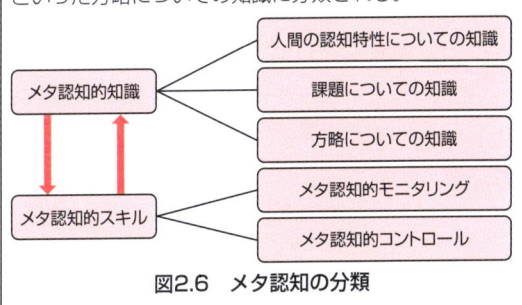

メタ認知的知識
　├─ 人間の認知特性についての知識
　├─ 課題についての知識
　└─ 方略についての知識

メタ認知的スキル
　├─ メタ認知的モニタリング
　└─ メタ認知的コントロール

図2.6　メタ認知の分類

2-16 視覚の神経生理学的基盤

Q064 明るさの感覚を受け持ち、網膜上では中心部以外に広く分布する視細胞の一種を何というか。

Q065 色の感覚を受け持ち、網膜上の中心部に多く存在する視細胞の一種を何というか。

2-17 明るさの知覚

Q066 明るい場所から暗い場所に移動すると、しばらく何も見えないが、徐々に目が慣れてきて、ものが見えるようになる。一方、暗い場所から明るい場所に移動すると、一時的な盲目状態になるが、明るさに慣れてくる。このような光刺激に対応して生じる現象をそれぞれ何というか。

Q067 明るい領域と暗い領域、あるいは、赤と緑のような2つの刺激が空間的に近接して同時に提示された場合には、単独で提示された場合よりも、その知覚的特性が実際よりも強調される。この現象のことを何というか。

Q068 下図の図1の矢印Aのさす辺りに明るい縦線があるように見え、一方、矢印Bのさす辺りに暗い縦線があるように見える。図1は、図2に示すように、明るさが異なる2つの領域の間を単調な明るさの勾配で結んだものである。このように、コントラストの変化が生じる境界線部分において、明るい帯、または暗い帯が見える現象を何というか。

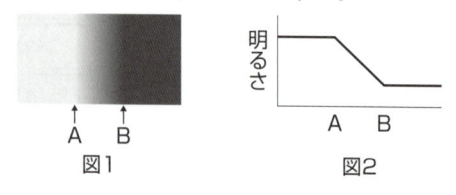

2-16 視覚の神経生理学的基盤　解説

A064
桿体（杆体）

視細胞とは、網膜上にある光を感知し、電気信号に変換する細胞である。視細胞には、桿体と錐体の2種類がある。桿体は、網膜の中心部（中心窩）を除いて全体に均等に分布する。

A065
錐体

錐体は中心窩付近に分布し、赤、青、緑の光を感じることができる。

2-17 明るさの知覚　解説

A066
暗順応
明順応

順応とは、視覚をはじめとする知覚が環境に応じて適応的に変化することをいう。暗順応の例として、明るいところから、暗い映画館に入るとしばらくは見えにくく、次第に見えてくることが挙げられる。

A067
対比の効果

対比、対比効果ともいう。図2.7では、中心の正方形の明るさは同じであるが、黒で囲まれたほうの正方形のほうが、白で囲まれた正方形よりも明るく見える。これを明るさの対比効果という。

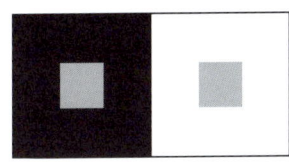

図2.7　明るさの対比効果

A068
マッハの帯

この現象の発見者のマッハ（Mach, E.）の名前に由来する。マッハ現象とも呼ばれる。マッハの帯は明るさの対比効果による錯視の一種である。図1において、左側の一定だった明るさが低下する矢印A部分では実際よりも明るく見え、一方、右側の明るさの低下が終わり明るさが一定になる矢印B部分では、実際よりも暗く見える。

Q069 暗い場所では青色や緑色が相対的に鮮やかに見えるのに対して、明るい場所では黄色や赤色が鮮やかに見える。このように、同じものでも、その場の明るさによって色の知覚が異なる現象を何というか。

2-18　色の知覚

Q070 下表は、色の心理的属性についてまとめたものである。空欄A～Cに当てはまる語句は何か。

（ A ）	明るさを表す
（ B ）	純度を表す
（ C ）	色の質的な違いを表す

Q071 人はどのように色の違いを識別するのかという色覚のメカニズムに関する仮説として、網膜上にある赤・青・緑の3色に対応する物質があり、この3種類の反応の組合せだけで、色の知覚がなされるとする説を何というか。

Q072 舞台では黄色を作り出すために赤と緑のスポットライトが混色される。このような光の混色のことを何というか。

Q073 絵の具のような物質は、混色によって、その色が次第に黒に近づく。このような物質の混色のことを何というか。

A069 □□□
プルキンエ現象

チェコの生理学者プルキンエ（Purkinje, J. E.）が発見した。暗くても見えやすいように、道路標識が青色で作成されるなど、プルキンエ現象は日常生活でも活用されている。

2-18 色の知覚　解説

A070 □□□
A：明度
B：彩度
C：色相

知覚された色の心理的属性は、明度、彩度、色相の3次元で説明される。色を分類するときに、「赤、青、緑、…」と分類するが、これが色相である。この3属性が定まると一つの色彩が特定される。

A071 □□□
三色説

色の知覚のことを色覚という。この説は、三原色、つまり、赤・青・緑の三色の混色によって色が表現できるという事実に適合する。しかしながら、色対比や色残像など三色説では説明が難しい現象も存在する。

A072 □□□
加法混色

通常、赤・青・緑の3つの色の光を重ねて混色を行う。赤と緑が重なると黄色（イエロー）、緑と青が重なると青緑（シアン）、青と赤が重なると赤紫（マゼンタ）が見える。そして、赤・青・緑の3つの色が重なると、特定の色覚を生じさせない光である無彩光（白）になる。

A073 □□□
減法混色

減法混色では、通常、シアン・マゼンタ・イエローの3色を混色する。この3色は色料の三原色と呼ばれる。イエローとシアンを混色すると緑、シアンとマゼンタを混色すると青、マゼンタとイエローを混色すると赤が見える。そして、3つを混色すると黒になる。

2-19 形の知覚

Q074 ゲシュタルト心理学における、ものごとをできるだけ簡潔にまとまった形で知覚しようとする傾向の原理のことを何というか。

Q075 下図は、図のまとまり方の法則の一例である。AとBのいずれにおいても、丸は2つずつのまとまりとして認識される。こうした認識を導くものとして、空欄に当てはまる語句はそれぞれ何か。

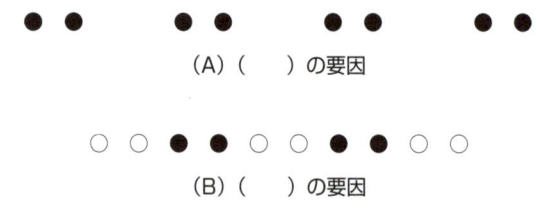

● ●　　● ●　　　● ●　　　● ●

(A) (　) の要因

○ ○ ● ● ○ ○ ● ● ○ ○

(B) (　) の要因

Q076 対象の形の知覚において、輪郭によってまとまりのある形として浮き出て見える部分を（　A　）といい、その背景となる部分を（　B　）という。空欄A・Bに当てはまる語句はそれぞれ何か。

Q077 下図では、実際には存在しないが、手前に三角形があるように見える。このように、物理的には存在しない形が見える現象を何というか。

2-19 形の知覚　解説

A074 ☐☐☐
プレグナンツの原理

プレグナンツの法則とも呼ばれる。ドイツ語で「プレグナンツ」は簡潔さという意味を表す。

A075 ☐☐☐
A：近接
B：類同

プレグナンツの原理を具体的に示したものがゲシュタルトの法則（ゲシュタルト要因とも呼ばれる）である。(A)では、距離の近いものは、一つにまとまって見える。(B)では、白丸と黒丸がそれぞれまとまって見えるように、似ているものは、一つにまとまって見える。

A076 ☐☐☐
A：図
B：地

対象の形の知覚には、図と地の分化が必要である。下図は、反転図形（図地反転図形）の一例である。反転図形とは、同一の図形において、図となる領域と地となる領域が交替する図形のことである。図2.8では、黒い部分が図となる場合、二人の横顔が見え、白い部分が背景となる。一方、白い部分が図となる場合は、盃が見え、黒い部分が背景となる。

図2.8　ルビンの盃

A077 ☐☐☐
視覚的補完

カニッツァ（Kanizsa, G.）の三角形の図版では、手前に三角形があるように見える。このように、実際には存在しないのに、輪郭線が知覚されることを主観的輪郭という。

2-20 運動の知覚

Q078 下表は運動の知覚についてまとめたものである。空欄A・Bに当てはまる語句は何か。

（A）運動	対象が物理的に運動している状態
（B）運動	対象が実際には運動していないが、見かけ上運動しているように知覚される現象

Q079 自分が乗っている電車は止まっているのに、隣のホームの電車が動き出すと、自分の電車が動き出したように感じることがある。このような現象を何というか。

Q080 滝の落下をしばらく見つめた後で、周囲の岩などの静止しているものに目を移すと、それが逆方向に運動するように見える。このような現象を何というか。

Q081 暗い部屋で、固定されている光点を見つめていると、次第に光点がゆらゆら動いて見えるようになる。この現象を何というか。

2-21 奥行きの知覚

Q082 3次元性の知覚のことを何というか。

2-20 運動の知覚　解説

A078
A：実際
B：仮現(かげん)

仮現運動は、広義には、物理的に運動していない対象があたかも運動しているかのように知覚される見かけの運動をさし、運動残効、誘導運動、自動運動などがある。狭義には、対象を連続的に点滅させることによって知覚される見かけの運動のことをさし、β運動、γ運動、α運動などがある。日常生活では、たとえば、夜間に、交互に点滅する踏切の赤いランプが、一つのライトが往復しているように見える現象が狭義の仮現運動として挙げられる。

A079
誘導運動

流れる雲の合間に月が出ているときに、雲ではなく、実際には動いていない月が動いているように見える例も誘導運動の一種である。このように、静止した対象と動いている対象が同時に存在すると、静止した対象のほうが動いているように感じる現象のことを誘導運動という。

A080
運動残効

一定方向に運動する対象をしばらく見た後に、静止した別の対象が反対方向へ運動しているように知覚される現象を運動残効という。滝の錯視は、運動残効の典型例である。

A081
自動運動

運動の知覚には、部屋の壁など基準となるものが必要となるが、暗闇の中では周りの手がかりから光点の空間的位置を把握することが難しい。そのため、自動運動が生起するとされている。また、自動運動の生起理由としては、眼球運動との関連も挙げられる。

2-21 奥行きの知覚　解説

A082
奥行き知覚

網膜に映し出される像は2次元の平面像であるが、人は外界を立体的に見ることができる。つまり、人は奥行きのある3次元性の知覚をしている。

2 学習・認知・知覚

Q083 下図は奥行き知覚で用いられる手がかりを分類したものである。空欄A・Bに当てはまる語句は何か。

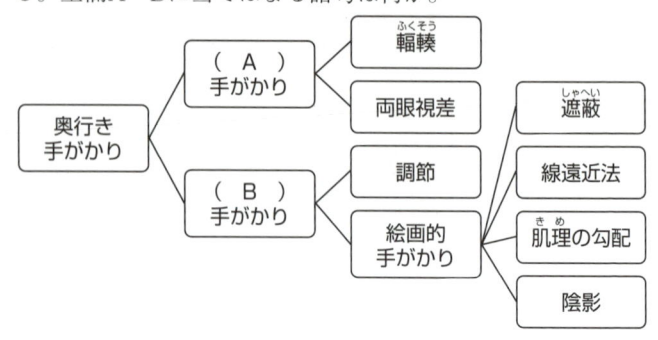

```
奥行き手がかり ─┬─ ( A )手がかり ─┬─ 輻輳
                │                  └─ 両眼視差
                └─ ( B )手がかり ─┬─ 調節
                                   └─ 絵画的手がかり ─┬─ 遮蔽
                                                       ├─ 線遠近法
                                                       ├─ 肌理の勾配
                                                       └─ 陰影
```

Q084 同一対象を見るときに、両眼が離れた位置にあることによって、左右の網膜像は同じではなく、ずれが生じる。この網膜像間の差異のことを何というか。

Q085 近い距離にある対象を観察するためには、左右の眼球を内側に回転させる必要がある。こうした眼球の内転運動を何というか。

Q086 網膜上に対象の明確な像を得るためには、対象までの距離に応じて、眼球における水晶体の厚みを適切に変化させる必要がある。この眼球における水晶体の厚みを変化させる機能のことを何というか。

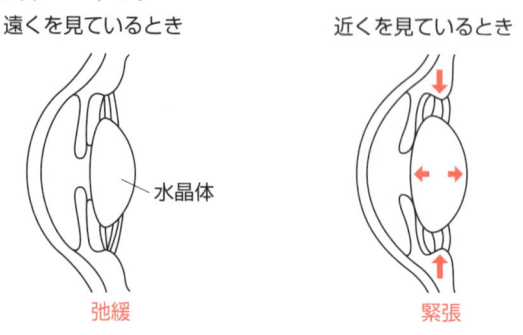

遠くを見ているとき　水晶体　弛緩

近くを見ているとき　緊張

A083 □□□
A：両眼性
B：単眼性

入力されてきた2次元の情報から、人が3次元の世界として知覚できるのは、さまざまな情報から奥行きを「手がかり」として、利用しているからである。このような奥行き手がかりには、その成立に左右両眼視で生じる**両眼性手がかり**と、単眼視でも生じる**単眼性手がかり**に分類される。

A084 □□□
両眼視差

図2.9のように、立方体を両眼で見るとき、右眼の網膜に投影される像と左眼の網膜に投影される像は異なる。

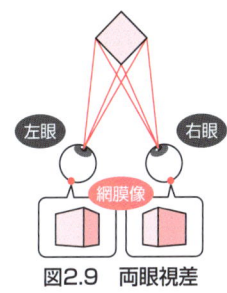

図2.9　両眼視差

A085 □□□
輻輳

図2.10のα_1、α_2のように、輻輳の角度を**輻輳角**という。観察対象が遠くに位置するほど、輻輳角が小さくなり、近くに位置すると輻輳角が大きくなる。輻輳角が大きいほど、左右の眼に投影される像のずれが大きくなり、対象が近くに位置していると認識する。

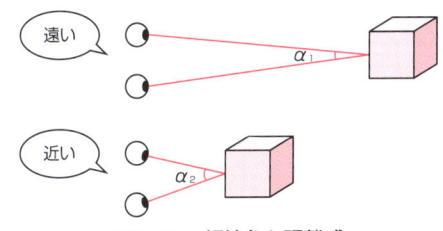

図2.10　輻輳角と距離感

A086 □□□
調節

図のように、近い対象を観察するときほど、水晶体は厚みを増す。脳は、この水晶体の厚みを奥行き知覚の手がかりに使っているとされる。

2-22 錯視

Q087 水平線近くに浮かぶ月は、天頂にある月と比べて大きく見える。このような視覚における錯覚のことを何と言うか。

Q088 10m前方に立っていた人が5m前方に近づけば、その人の姿の網膜像は2倍の大きさになるが、その人の身長は2倍には見えない。このような現象を知覚的（　　）という。空欄に当てはまる語句は何か。

2-23 注意

Q089 複数の情報から、ある特定の情報を選び出す注意のことを（　A　）注意という。一方、ラジオを聴きながら周囲の状況を気にしつつ運転するような、複数の対象に同時に向ける注意のことを（　B　）注意という。空欄A・Bに当てはまる語句は何か。

Q090 パーティーなどの喧騒の中でも、特定の人との会話に注意を向けることができ、他の会話を無視することができる。このよう現象を何というか。

Q091 実験参加者の左右の耳に同時に異なる音声刺激を提示し、一方の耳にのみ注意を向けるように求める課題を何というか。

2-22 錯視　解説

A087
錯視

月が大きく見えたり小さく見えたりする現象は「月の錯視」と呼ばれている。このように、視覚に関する錯覚のことを錯視という。

A088
恒常性

刺激の物理的入力の変化に対して、知覚される内容が一定に保たれる傾向のことを知覚的恒常性という。問題文の例は、その中でも、特に大きさの恒常性と呼ばれる。知覚的恒常性は、視覚ではこのほかに、明るさ、色、形などにおいても見られる。

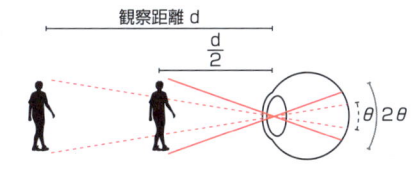

図2.11　観察距離と網膜像の大きさの関係

2-23 注意　解説

A089
A：選択的
B：分割的

ある情報の処理を優先し、他の情報の処理を抑制する機能を注意という。注意は、選択的注意と分割的注意に区分される。選択的注意は、さらに聴覚的なものと視覚的なものに分類される。

A090
カクテルパーティ現象

カクテルパーティ現象は、聴覚の選択的注意の代表例である。1950年代初期の注意研究では、注意が向けられていない情報は処理されないとされていた。しかし、その後の研究によって、たとえば、注意していなくても自分の名前には気づくように、少なくとも一部は意味の処理が行われていることが報告されている。

A091
両耳分離聴取課題

実験参加者は、無視するように指示された側の耳に提示された音声刺激は、その内容をほとんど理解できないことが報告されている（→初期選択理論・後期選択理論）。

2 学習・認知・知覚

Q092 ブロードベント（Broadbent, D. E.）は、図Aのように注意による選択が、情報の意味処理よりも前になされると主張した。一方、ドイチェ（Deutsch, J. A.）は、図Bのように注意の選択が意味処理後の段階にあると主張した。それぞれ、注意の何理論というか。

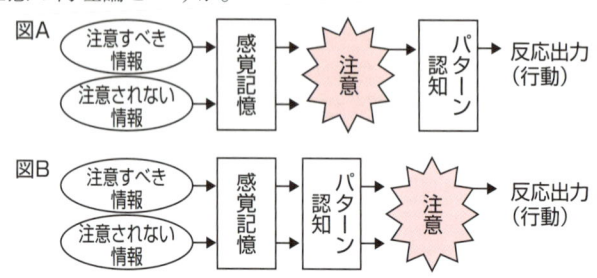

図A　注意すべき情報／注意されない情報 → 感覚記憶 → 注意 → パターン認知 → 反応出力（行動）

図B　注意すべき情報／注意されない情報 → 感覚記憶 → パターン認知 → 注意 → 反応出力（行動）

Q093 カーネマン（Kahneman, D.）は、注意には容量の限界があるとした。この注意のモデルを何というか。

2-24　聴覚

Q094 知覚された音の心理的属性は、音の（　A　）と音の（　B　）と音色の3つの要素によって決定される。空欄A・Bに当てはまる語句はそれぞれ何か。

Q095 発話している口の形を映した映像と、実際に聴覚に入力された音声が一致しない場合、両者の中間的音声が知覚される効果のことを何というか。

Q096 腹話術では、腹話術師の口ではなく、人形の口が音源であると錯覚され、人形がしゃべっているように見える。このように、視覚と聴覚など、異なる感覚モダリティ（感覚様相）間の相互作用を含む知覚のことを何というか。

A092 ☐☐☐
初期選択理論
後期選択理論

ブロードベントは両耳分離聴取課題の実験結果から、注意のフィルターモデルを提唱した。このモデルは、情報の選択が情報処理過程の初期になされることが仮定されていることから、初期選択理論と呼ばれる。これに対して、両耳分離聴取課題において、無視するように指示された側の耳に提示された自分の名前には反応できるという、初期選択理論では説明できない知見が報告された。このことから、ドイチェは、すべての情報は意味的特徴の分析まで処理がなされ、その後、注意によって情報が選択されると考えた。このような考え方は、情報の選択が情報処理過程の後期になされることが仮定されていることから後期選択理論と呼ばれる。

A093 ☐☐☐
容量モデル

注意の容量モデルでは、一度に処理できる情報の量には制限があるとする。近年では、初期・後期選択理論と容量モデルの両方の考え方を統合した知覚的負荷理論がラヴィ（Lavie, N.）によって提唱された。

▶▶ 2-24 聴覚　解説

A094 ☐☐☐
Ａ・Ｂ：大きさ、高さ

音の大きさは、音波のエネルギー量が大きいほど、より大きい音として知覚される。一方、音の高さは、音波の周波数が高いほど音が高く知覚される。

A095 ☐☐☐
マガーク効果

たとえば、/ga/と発話している映像と、/ba/と発話している音声を同時に提示すると、典型的には/da/の音声が知覚される。この現象は、音声の知覚が視覚情報からの影響を強く受けることを表しており、視覚情報と聴覚情報の相互作用を示すものである。

A096 ☐☐☐
クロスモーダル知覚

音源の定位が、人形などの視覚刺激の存在によって歪められてしまう現象のことを腹話術効果という。クロスモーダルとは、視覚や聴覚などの複数の感覚を統合することを意味する。

2 学習・認知・知覚 実力確認問題

適切な記述は○、適切でない記述は×で答えなさい。

□1 ロシアの生理学者のパヴロフは、イヌを使った実験で、古典的条件づけと呼ばれる学習を発見した。 ○ A001

□2 古典的条件づけにおいて、イヌが餌に対して唾液を分泌するような、生得的な反応のことを条件反応という。 × A002

□3 古典的条件づけの形成後、餌を与えずに条件刺激だけを提示し続けると、イヌはやがて唾液分泌をしなくなる。この現象を消去という。 ○ A004

□4 米国の心理学者のワトソンは、生後11か月の男児に対する恐怖反応の条件づけの実験を行った。 ○ A006

□5 有機体の特定の誘発刺激がなくても自発した行動に強化刺激を随伴させ、その反応頻度などを変化させる過程や条件づけの操作のことを古典的条件づけという。 × A007

□6 ソーンダイクは、問題箱の実験におけるネコの行動観察から、ネコは潜在学習によって問題解決の方法を学習したことを示した。 × A008

□7 ケーラーは、チンパンジーは観察学習によって問題解決をすることを主張した。 × A009

□8 バンデューラは、人形を用いた実験で、他者の行動を直接的に、またはビデオなどで間接的に見ることによって、学習が成立することを示した。この学習を観察学習という。 ○ A010

□9 オペラント条件づけにおいて、オペラント行動の自発頻度と比較して、反応に随伴した後続の結果によって、その反応の生起確率が増えた場合の過程、および、操作のことを強化という。 ○ A013

□10 オペラント条件づけにおいて、オペラント行動の自発頻度と比較して、反応に随伴した後続の結果によって、その反応の生起確率が減った場合の過程、および、操作のことを般化という。 × A014

□11 スキナーは、オペラント条件づけにおいて、反応をいつ強化するかというオペラント行動と強化のされ方との関係を検討した。この規則のことを強化スケジュールという。 ○ A015

☐12 古典的条件づけがなされたイヌは、条件刺激と物理的に似た別の刺激を提示された場合でも唾液を分泌するようになる。この現象を般化という。 ○ ▶A019

☐13 オペラント条件づけにおいて、赤い光が点灯したときにネズミがレバーを押せば餌がもらえるが、緑の光が点灯したときにはレバーを押しても餌がもらえないという手続きを繰り返すと、赤い光のときのみレバーを押す反応を示すようになる。この現象を弁別という。 ○ ▶A020

☐14 ワトソンが主張した、学習の基本的単位は条件づけによって形成される刺激と反応の連合であるとする理論をS-R理論という。 ○ ▶A021

☐15 不適応的な行動パターンを変容または除去し、適応的な行動を形成するために、オペラント条件づけ、および、古典的条件づけを適用した心理療法のことを精神分析という。 × ▶A022

☐16 古典的条件づけの原理を適用し、不安や恐怖を段階的に消去するウォルピが発展させた行動療法の一技法をフォーカシングという。 × ▶A023

☐17 オペラント行動における、先行刺激（A）、オペラント行動（B）、結果（C）の関係を三項随伴性という。 ○ ▶A026

☐18 運動技能の獲得のことをさし、単一の行為や、複雑な動作を獲得する過程のことを運動学習という。 ○ ▶A028

☐19 運動学習の獲得のためには、学習者へのフィードバックが有効であり、フィードバックする内容に関して、大きく2種類に分けられる。結果の良し悪しについての情報を遂行の知識といい、遂行の内容についての情報を結果の知識という。 × ▶A030

☐20 提示された項目のリスト内で、何番目に提示されたかによって、その項目の記憶成績が異なる。この現象のことを系列位置効果という。 ○ ▶A033

☐21 記憶を保持時間で区分したモデルでアトキンソンとシフリンの記憶のモデルをワーキングメモリという。 × ▶A034

□**22** 短期貯蔵庫の情報の保存容量には限界があり、短時間の間記憶することができる情報量の数のことをマジカルナンバー10プラスマイナス2という。 ×　▶A035

□**23** 短期記憶を、情報を短期間保持するだけではなく、情報を処理する機能も備えていると考える記憶のモデルがある。このような記憶のモデルを顕在記憶という。 ×　▶A037

□**24** 長期記憶の一種であり、個人的な経験に関する情報の記憶で、「いつ」「どこで」という問いに答えられる記憶のことを手続き記憶という。 ×　▶A040

□**25** コリンズとロフタスによって提唱された意味記憶についてのモデルを連想ネットワークモデルという。 ○　▶A043

□**26** 幼少期の出来事や他者との思い出など、個人史上の出来事についての記憶のことを自伝的記憶という。 ○　▶A045

□**27** 加齢の影響が大きく表れるのは流動性知能であり、結晶性知能については加齢の効果は小さいとされる。 ○　▶A048

□**28** 人間の長期記憶内に、パターンの原型を示すものがあり、それと入力された情報との照合によって、認識が生じるとするパターン認識のモデルは鋳型照合モデルと呼ばれる。 ○　▶A050

□**29** 人間の情報処理において、知識や期待に基づいて、理解・判断していく情報処理をボトムアップ処理といい、人間の情報処理において、断片的な情報を寄せ集めながら処理をしていく過程のことをトップダウン処理という。 ×　▶A052・A053

□**30** アルファベットや平仮名などのような、それぞれの音素、音節という音韻情報を表す文字を表音文字という。 ○　▶A055

□**31** 個人の脳内に存在するとされる語に関する知識の総体のことをメンタル・レキシコンという。 ○　▶A057

□**32** ある主張や仮説が正しいことを前提としたときに、その前提から論理的に正しい結論を導き出す際の推論のことを帰納的推論という。一方、観察した個々の事実や事象に基づいて、それらを生じさせている原因や法則を推理することを演繹的推論という。 ×　▶A059

□**33** 仮説を支持する証拠を探そうとするが、反証（仮説に合わない事例）は探そうとしない傾向のことを確証バイアスという。　○　▶A061

□**34** 証拠に基づく論理的、合理的で偏りのない思考のことを批判的思考という。　○　▶A062

□**35** 自己の認知活動をモニタリングし、コントロールするという、自己の認知プロセスについての認知のことをメタ認知という。　○　▶A063

□**36** 明るさの感覚を受け持ち、網膜上に広く存在する視細胞の一種を錐体といい、色の感覚を受け持ち、網膜上の中心部に多く存在する視細胞の一種を桿体という。　×　▶A064・A065

□**37** 明るい場所から暗い場所に移動すると、しばらく何も見えないが、徐々に目が慣れてきて、ものが見えるようになる。この現象を明順応という。　×　▶A066

□**38** 舞台では黄色を作り出すために赤と緑のスポットライトが混色される。このような光の混色のことを減法混色という。一方、絵の具のような物質の混色によって、その色が次第に黒に近づく。このような物質の混色のことを加法混色という。　×　▶A072・A073

□**39** ゲシュタルト心理学において、人間が持つとされる、ものごとをできるだけ簡潔にまとまった形で知覚しようとする原理のことをプレグナンツの法則という。　○　▶A074

□**40** 対象の形の知覚において、輪郭によってまとまりのある形として浮き出て見える部分を地といい、その背景となる部分を図という。　×　▶A076

□**41** 対象が実際には運動していないが、見かけ上運動しているように知覚される現象のことを実際運動という。　×　▶A078

□**42** 3次元性の知覚のことを奥行き知覚という。　○　▶A082

□**43** 奥行き知覚で用いられる手がかりは、両眼性手がかりと単眼性手がかりに分類される。　○　▶A083

□**44** 近い距離にある対象を観察するためには、左右の眼球を内側に回転させる必要がある。こうした眼球の内転運動を調節という。 ×
▶A085

□**45** 水平線上の月は、天頂にある月と比べて大きく見える。このような視覚の錯覚のことを錯視という。 ○
▶A087

□**46** 10m前方に立っていた人が5m前方に近づけば、その人の網膜像は2倍の大きさになるが、その人の身長は2倍には見えない。このような現象を知覚的恒常性という。 ○
▶A088

□**47** 環境からの複数の情報から、ある特定の情報を選び出す注意のことを分割的注意という。一方、ラジオを聴きながら周囲の状況を気にしつつ運転するような、複数の対象に同時に向ける注意のことを選択的注意という。 ×
▶A089

□**48** パーティーなどの喧騒の中でも、特定の人との会話に注意を向けることができ、他の会話を無視することができる。このような現象をカクテルパーティ現象という。 ○
▶A090

□**49** 発話している口の形を映した映像と、実際に聴覚に入力された音声が一致しない場合、両者の中間的音声が知覚される効果のことをマガーク効果という。 ○
▶A095

□**50** 腹話術では、腹話術師の口ではなく、人形の口が音源であると錯覚され、人形がしゃべっているように見える。このように、視覚と聴覚など、異なる感覚モダリティ（感覚様相）間の相互作用を含む知覚のことを知覚的恒常性という。 ×
▶A096

3

発達・教育

　人間が生まれて、子どもから大人へと育っていく変化は、心理学では「発達」として扱われています。また、その変化を生み出すうえで重要な役割を果たす「教育」も、心理学の重要な研究テーマです。教員採用試験などでも出題される科目ですので、すでに多少は学んだ方や、これから合わせて学ぶ方も多いことでしょう。皆さん自身がこれまでに育ち、学んできた経験を思い出しながら、理解を深めてください。

　一方で、発達や教育を心理学の枠組みに乗せるために、さまざまな検査手法や研究法の出番があります。少々親しみにくいところかもしれませんが、そういったやり方を使うとどんなことが見えてくるのかを意識して、整理してみてください。

3 発達・教育

3-1 生物学的観点から見た発達

Q001 哺乳類は基本的に離巣性と就巣性に区別されるが、ポルトマン（Portmann, A.）は、ヒトはこのいずれにも当てはまらないとして、別の呼び名を用いた。それを何というか。

Q002 ヒトの赤ん坊は、哺乳類が生まれるときに通常達する水準まで身体が大きくなると難産が予想されるため、十分に発育するよりも約1年早く生まれるとされる。この特徴を何というか。

Q003 ハイイロガンの刷り込み（インプリンティング）実験などで有名な比較行動学者は誰か。

Q004 刷り込みなど一部の学習には、学習が成立するための限られた時期が存在する。この時期のことを何と呼ぶか。

3-2 発達の理論

Q005 発達に関する理論で、個人の発達は胎児期から潜在しており、出生以後の環境や経験の役割は少ないとする説を何というか。

Q006 育つ環境から得られる経験によって、個人の発達が大きく規定されるとする説を何というか。

Q007 「遺伝か環境か」ではなく、遺伝と環境の両方が発達に対して加算的に影響を与えるとする説を何と呼ぶか。

Q008 発達に関する理論で、個人の持つ潜在的な特徴が実際に発現するためには、一定水準の環境刺激が必要であり、環境刺激は閾値要因として働くとする説を何というか。

3-1 生物学的観点から見た発達 解説

A001 □□□
二次的就巣性
ヒトの赤ん坊は、就巣性の動物のように見かけ上未熟な状態であるものの、感覚器官は発達した状態で生まれてくる。

A002 □□□
生理的早産
これによってヒトは、発達の早期から感覚器官を通して外界の多様な刺激や情報を受け取ることになる。これが結果的に、非常に重要な学習経験になるとされている。

A003 □□□
ローレンツ
(Lorenz, K. Z.)
ローレンツは、実際に動物の行動を詳細に観察、記述することを通して、比較行動学の基礎を築いた。

A004 □□□
臨界期
（敏感期）
臨界期という発想はヒトの発達にも適用されているが、時期の限定が緩やかであり、可逆的である場合も多く、そのような意味で敏感期と呼ぶこともある。

3-2 発達の理論 解説

A005 □□□
成熟説
（遺伝説、生得説）
当時の行動主義が環境の重要性を強調したことに対して、ゲゼル（Gesell, A. L.）は子どもの内部条件の重要性を強調した。

A006 □□□
環境説
アルバート坊やの実験などから、人間の発達や個体差は環境によって形成できるとしたワトソン（Watson, J. B.）などが、環境説の立場をとっている。

A007 □□□
輻輳説
ふくそう
輻輳説はシュテルン（Stern, W.）が提唱した理論である。

A008 □□□
環境閾値説
これはジェンセン（Jensen, A. R.）によるものである。発現に必要な水準を上回る環境刺激が与えられればその特徴は発現するが、必要な水準に達しない場合は、発現することはないとされる。

Q009 環境と遺伝の両方を重視するが、両者はそれぞれ独立して作用するのではなく、相互に影響し合うとする説を何というか。

3-3 乳幼児期の身体・運動の発達

Q010 ヒトの身体の発育を4つの機能別に示した発達曲線を作成したのは誰か。

Q011 原始反射の一つで、口の中に指を入れると、それを吸う運動をする反射のことを何というか。

Q012 原始反射の一つで、大きな音や振動などに対して、両手両足を外側に伸ばし、その後ゆっくりと何かを抱え込むような運動が見られる反射のことを何というか。

Q013 ヒトの運動能力はおおむね、まず身体全体のバランスを取るといった大きな運動から、指を使うなどの細かい運動の順番で発達していく。こうしたそれぞれの運動のことを何と呼ぶか。

Q014 世代が新しくなるにつれて、身体発達が促進される現象を何というか。

Q015 生後25週から50週頃の赤ん坊が発する、「ママママ」「ブブブ」などの多様な音声を何と呼ぶか。

Q016 1歳前後から見られる1単語からなる発話を何というか。

| A009 □□□
相互作用説 | 輻輳説では環境と遺伝を加算的に扱うのに対し、相互作用説では両者が互いに影響し合うと考える。現在の発達心理学では、基本的に相互作用説の立場がとられている。 |

▶▶ 3-3　乳幼児期の身体・運動の発達　解説

A010 □□□ スキャモン (Scammon, R. E.)	スキャモンは一般型、生殖型、神経型、リンパ型について発達曲線を描き、それぞれ異なるペースで発達していくことを示した。
A011 □□□ 吸啜反射	これは、母乳を飲む際に有用な反射である。
A012 □□□ モロー反射	ドイツのモロー（Moro, E.）により報告された。モロー反射は、誕生後3か月頃から消失し始める。このほかの主要な原始反射としては把握反射や原始歩行などがある。こうした原始反射の出現や消失は、発達診断における重要な指標となる。
A013 □□□ 粗大運動 微細運動	粗大運動とは、頭を持ち上げる、寝返りを打つ、立つ、歩くなど、胴体や四肢の筋肉を使う運動であり、微細運動は、何かをつまんだり、指さしをしたりするなど、腕と手を使った運動のことである。
A014 □□□ 発達加速現象	発達加速現象には、身長や体重などの成長速度が加速する成長加速現象と、性的成熟の開始年齢が早期化するなどの成熟前傾現象とがある。
A015 □□□ 喃語	喃語以前に見られる、鳴き声や叫び声とは違う、声帯の振動によって発せられる穏やかな音のことはクーイングと呼ばれる。
A016 □□□ 1語文	「ママ」の1語で「ママがいる」「ママに会いたい」など、さまざまな意味に用いられるのが1語文である。なお、2歳前後から2語文、多語文と徐々に複雑な文章へと発達していく。

3-4　ピアジェとヴィゴツキーの発達理論

Q017 ピアジェ（Piaget, J.）が提唱した認知的発達の4段階をそれぞれ何というか。

Q018 ピアジェは、赤ん坊が環境との相互作用を通して認識を形成していくと考えた。その際に用いられる、思考や行動の様式のことを何と呼ぶか。

Q019 何か目の前にある物が、移動や遮蔽によって見えなくなったとしても、その対象は存在し続けているという認識を何というか。

Q020 生命のない物に対して、生命や意識などを認める幼児の心理的特徴を何というか。

Q021 ピアジェによる発達段階のうち、3つ山課題や量の保存などの課題が達成できるようになるのはどの段階か。

Q022 3つ山課題に象徴されるように、ある段階までの子どもは、視点を他者の立場に置いたりするなど、注意の対象が特定の次元のみに限定されるという特徴を持っている。この特徴のことを何というか。

Q023 子どもが自力で問題解決できる水準より少し上ではあるが、他者からの援助や協働によって達成が可能になる水準の領域のことを、ヴィゴツキー（Vygotsky, L. S.）は何と呼んだか。

3-4 ピアジェとヴィゴツキーの発達理論 解説

A017 □□□
感覚運動期
前操作期
具体的操作期
形式的操作期

ピアジェは、子どもの認知発達が感覚運動期（誕生〜2歳頃）、前操作期（2〜7歳頃）、具体的操作期（7〜11歳頃）、形式的操作期（11歳頃〜）という、質の異なる4つの段階をたどるとする理論を提唱した。

A018 □□□
シェマ

子どもは、既存のシェマを用いて情報を取り入れるという同化と、新たな情報や状況に応じて、シェマ自体を変更する調節を行いながら、知能を発揮するとされる。

A019 □□□
対象の永続性

母親が見えなくなったとしても、存在しなくなったわけではないという理解などが、対象の永続性である。ピアジェは、8か月頃からこの認識が成立すると考えた。

A020 □□□
アニミズム

自分の内的な出来事と、外界の出来事との区別が十分にできない前操作期に見られる特徴である。

A021 □□□
具体的操作期

人形の視点から何が見えるかを問う3つ山課題や、見た目の変化にとらわれずに、量が一定であることを理解する量の保存は、具体的操作期で達成できるとされる。

A022 □□□
自己中心性
（中心化）

前操作期までの子どもは、物事を自分の視点以外の角度から認知することに大きく制約がある。このことを自己中心性と呼ぶ。これは決して利己的であるということを意味するわけではなく、何かを認知するときに注意の対象が特定の次元のみに限定されるという意味を込めて、中心化という言い方をすることもある。なお、具体的操作期に入り、中心化から脱することを脱中心化と呼ぶ。

A023 □□□
発達の最近接領域

ヴィゴツキーは、発達における社会文化の影響を重視しており、さまざまな高次精神機能は社会活動の中で共有されることで、徐々に個人の中の心理的機能として定着していくと考えた。

3 発達・教育

Q024 子どもは、自分の能力よりやや上の水準の課題を、他者から援助を受けることで達成し、成長していく。この他者からの援助のことをヴィゴツキーは何と呼んだか。

Q025 子どもの言語は、自分自身の思考のために行う内的言語と、他者に発する言語とに分化していく。これをそれぞれ何と呼ぶか。

Q026 幼児の発話には、社会的な目的のない、反復や独り言などがしばしば見られる。こうした発話のことを、ピアジェは何と呼んだか。

Q027 ヴィゴツキーの理論などの影響を受け、生態学的発達理論を提唱したのは誰か。

3-5　発達段階と発達課題

Q028 発達段階という概念を提唱し、人間の発達段階と各発達段階における発達課題を整理した米国の教育学者は誰か。

Q029 エリクソン（Erikson, E. H.）は、ライフサイクルの視点から人間の心理・社会的発達をとらえている。エリクソンの理論では、発達段階はいくつに区分されているか。

Q030 エリクソンの発達理論は、ある既存の理論における発達理論を社会-歴史的な観点からとらえ直したものである。その理論とは何か。

A024 □□□
足場

ヴィゴツキーによれば、発達の最近接領域に沿った課題を子どもに課すことで、子どもは大人の手助けを得ながら、自らの能力を発達させていくとされる。

A025 □□□
内言（ないげん）
外言（がいげん）

内言とは、主として思考の道具としての役割を果たし、本来音声で発生する必要のない言語であるが、幼児期にはまず外言のみが見られ、そこから次第に内言と外言が分化していく。

A026 □□□
自己中心語

ピアジェはこれを、前操作期における自己中心性の表れであると考えた。またヴィゴツキーは、この自己中心語の消失が、内言と外言が分化した結果であると考えた。

A027 □□□
ブロンフェンブレンナー
(Bronfenbrenner, U.)

ブロンフェンブレンナーは、子どもを取り巻く環境を、親子関係などの小さな枠組みから社会・文化のような大きなものまで、4つの水準でとらえ、そうした環境との相互作用から子どもの発達をとらえようとした。

3-5 発達段階と発達課題 解説

A028 □□□
ハヴィガースト
(Havighurst, R. J.)

ハヴィガーストは、人間の発達を乳幼児期、児童期、青年期、壮年期、中年期、老年期の6つの段階に区分し、各段階に10程度の発達課題があるとした。

A029 □□□
8つ

エリクソンは発達段階を乳児期、幼児前期、幼児後期、児童期、青年期、成人前期、成人期、老年期の8段階に区分した。各段階には達成すべき発達課題とその際に生じる心理・社会的危機があるとされる。

A030 □□□
精神分析

フロイト（Freud, S.）の理論は、心理-性的側面を強調した理論となっている。一方、エリクソンの理論はそれを社会とのかかわりという視点からとらえ直したものである。

Q031 エリクソンの理論のように、発達はあらかじめ決定されているわけではなく、段階ごとに漸次形成されていくという説を何と呼ぶか。

Q032 エリクソンの発達理論における、幼児後期の心理-社会的危機は何か。

Q033 エリクソンの発達理論における、老年期の心理-社会的危機は何か。

Q034 中年期は人生の後半の始まりであり、身体の衰えや子どもの独立などから、心理的危機を経験するとされる。ユング（Jung, C. G.）はこの中年期と成人前期の境を何と呼んだか。

3-6　母子関係の理論

Q035 愛着理論の基礎を築き上げたイギリスの精神医学者は誰か。

Q036 20世紀初頭、施設入所児の死亡率が高いことが問題とされていた。この現象のことを何と呼ぶか。

Q037 生後初期における母子の相互作用の欠如を何と呼ぶか。

A031 □□□ 漸成説 （漸成的発達論）	もともとは生物学の用語である。生物学では後成説とも呼ばれ、近年では原語のまま**エピジェネシス**と呼ばれることが多い。特に**エリクソン**の理論をさす場合は、区別のため「エリクソンの漸成説」と呼ぶこともある。	
A032 □□□ 積極性 対 罪悪感	幼児期後期は、認知・身体両面の発達に伴って、より豊かな活動が可能となる。その中で自分自身の欲求や目標に基づいて自発的に行動していくための**積極性**と、失敗や挫折による**罪悪感**の危機を経験するとされる。	
A033 □□□ 統合 対 絶望	エリクソンによれば、老年期は人生の最終段階である。**統合**とは、自分の人生の責任を受け入れ、人生を受容していくことをさす。一方、死への恐れや自分の人生を満足させていくための時間が残っていないという信念などが**絶望**へとつながる。	
A034 □□□ 人生の正午	**ユング**は成人期前期と中年期の境がちょうど人生の折り返し地点であると考えた。中年期における心理的危機は、**中年期の危機**と呼ばれ、この危機を通して人間は、自分自身のあり方を再度問い直すことになるとされる。	

▶▶ 3-6　母子関係の理論　解説

A035 □□□ ボウルビィ （Bowlby, J.）	**ボウルビィ**は、世界保健機関（WHO）からの委託研究などを通して、**愛着**理論を構築するに至った。
A036 □□□ ホスピタリズム	これは当初、栄養や衛生上の問題と考えられ、事実そうした面の改善により、死亡率は大幅に減少した。しかし生存率の向上によって、逆に心理的な発達における問題が注目されるようになった。
A037 □□□ マターナル・デプリヴェーション （母性剥奪）	**ホスピタリズム**の背景には、栄養面や衛生面の問題だけではなく、母性的な養育が与えられない点があるということが徐々に注目されるようになった。この概念こそが、愛着理論の出発点となっている。

3 発達・教育

Q038 愛着の質を測定するためのストレンジ・シチュエーション法を開発したのは誰か。

Q039 下表は、ストレンジ・シチュエーション法による愛着の質の分類である。表中のBタイプに該当する型を何と呼ぶか。

	母親がいなくなったときの行動	母親と再会した後の行動
Aタイプ 回避型	ぐずったり泣いたりすることなく行動する	うれしそうな様子も示さず母親に対して無関心
Bタイプ （　　）	ぐずったり泣いたりして、母親を求める行動を示す	再び活発に探索や遊びを始める
Cタイプ 抵抗型	ぐずったり泣いたりして、母親を求める行動を示す	母親への接触と反抗が見られ探索活動が回復しない

Q040 アカゲザルを用いた実験などを通して、親子関係における愛着の重要性を実証的に示した米国の心理学者は誰か。

Q041 養育者との健全な愛着が形成できるようになると、子どもは養育者と接触していなくても安心感を得ることができるようになり、一人でさまざまな探索活動ができるようになる。このような養育者の役割を何と呼ぶか。

Q042 成長に伴い、養育者との愛着関係は子どもの中に内在化され、他者とかかわる際の情報処理の基盤となる。これを何というか。

Q043 乳児は、8か月頃からいわゆる人見知りが始まる。これを「8か月不安」として理論化したのは誰か。

Q044 人見知りの始まる時期から見られるようになる、主たる養育者から離れることに対する不安反応を何というか。

Q045 乳幼児は、毛布やタオル、ぬいぐるみなどに特別の愛着を寄せることがある。こうした対象をさす言葉を何というか。

A038 エインズワース (Ainsworth, M. D. S.)

ストレンジ・シチュエーション法とは、母子の相互作用における子どもの行動を観察することで、愛着の質を測定する方法である。

A039 安定型

安定型は、最も健全な愛着を形成したと考えられるタイプである。一方回避型は、健全な愛着関係が形成されておらず、母親が愛着対象とみなされていないと考えられるタイプである。また抵抗型は、母親は愛着対象とみなされているものの、十分な安心感の獲得がなされておらず、分離不安が強いとされるタイプである。

A040 ハーロウ (Harlow, H. F.)

スキンシップのような愛着行動の重要性を示したハーロウの研究は、行動主義的見方が支配的であった当時において、大きな衝撃を与えた。

A041 安全基地

この自発的な探索行動が、さまざまな学習を行っていくための重要な経験となる。逆に、抵抗型のように養育者との接近・接触を強く求める子どもは、こうした探索行動を行いにくいとされる。

A042 内的作業モデル

初期の愛着対象との関係は、この内的作業モデルを通して、その後の人生での人間関係に影響を及ぼすと考えられている。これが、人生初期の養育者との関係が重要視される理由の一つである。

A043 スピッツ (Spitz, R. A.)

人見知りは、安心感を持てる見知った人とそうでない人の弁別が可能になるからこそ生じるものである。なおスピッツは、ホスピタリズムの研究でも有名である。

A044 分離不安

分離だけでなく、分離が予想される場面でも不安が示される。その後、一時的な分離は対象の喪失ではないことを理解することで、分離不安は少しずつ緩和されていく。

A045 移行対象

移行対象は母親の象徴的代理として、分離不安を緩和させる機能を持つ。精神分析医であるウィニコット (Winnicott, D. W.) による言葉である。

Q046 乳幼児の観察を通し、乳幼児との母親の関係性に関する分離-個体化過程を理論化したのは誰か。

3-7　社会性の発達

Q047 赤ん坊がREM睡眠時などになんらかの刺激を受けると、微笑行動が見られる。これを何と呼ぶか。

Q048 母親が乳児に話しかける際、声の高さが高くなり、抑揚が誇張されるなどの特徴が見られる。こうした特徴を持つ語りを何と呼ぶか。

Q049 視覚的断崖を用いた実験において、乳児は母親の表情に基づいて、断崖を渡るか否かを判断できることが明らかになっている。こうした現象を何と呼ぶか。

Q050 パーテン（Parten, M. B.）によれば、幼児が複数いる場面における幼児の遊びの形態は、3歳頃を境に変化する。変化する前後の遊びの形態をそれぞれ何というか。

Q051 遊ぶ子どもたちの中で共通の目標があり、それぞれの役割が分化している遊びを何というか。

Q052 小学校の中学年頃に、子どもは同性の仲間を中心に構成される自発的な活動の集団を形成する。こうした特徴を持つ年代のことを何と呼ぶか。

Q053 ベラック（Bellack, L.）は、対人距離における接近と回避との葛藤を何と呼んだか。

| A046 □□□ マーラー(Mahler, M.) | マーラーの理論は、精神分析的な発達理論を、実証的な観察を通して構築したという点で評価されている。 |

▶▶▶ 3-7 社会性の発達 解説

A047 □□□ 生理的微笑(新生児微笑、自発的微笑)	このように初期の赤ん坊の微笑は、特に社会的な意味を持ったメッセージというわけではない。しかし、微笑に対して周囲が積極的に応答することで、3か月頃には相互的で社会的な意味を持つ、社会的微笑になっていく。
A048 □□□ マザリーズ(母親語)	マザリーズは、言語を問わず見られる現象であることが明らかになっている。また、母親のみに見られるわけでもないことから、育児語と呼ぶこともある。
A049 □□□ 社会的参照	他者から情報を求め、自らの行動を調節することであり、9〜10か月頃から1歳過ぎ以降に見られるようになる。
A050 □□□ 平行遊び 連合遊び	平行遊びとは、複数で遊んでいるものの、それぞれが独立しておりかかわりのない遊びの状態である。3歳頃から、互いに影響を及ぼし合う連合遊びが見られるようになる。
A051 □□□ 協同遊び	パーテンの分類では平行遊び、連合遊び、協同遊びに加え、何もしていない状態、傍観、一人遊びという6つが存在する。
A052 □□□ ギャング・エイジ	形成された集団のことをギャング・グループと呼ぶ。ギャング・グループは、仲間どうしの約束事や信頼などさまざまなことを学ぶ場であると考えられている。
A053 □□□ ヤマアラシのジレンマ	哲学者のショーペンハウエル(Schopenhauer, A.)が用いた寓話がもとになっている。なお、原語はhedgehog's dilemmaであり、「ハリネズミのジレンマ」である。

3-8　道徳性の発達

Q054 コールバーグ（Kohlberg, L.）は、人間の道徳性は、大きく3つの水準で発達していくと主張した。その3つの水準とは何か。

Q055 コールバーグが道徳性の発達を明らかにしていく際に、研究で用いた課題を何と呼ぶか。

Q056 コールバーグの道徳性発達の理論が、男性的な価値観に偏ったものであると批判し、女性的な道徳性の発達のあり方を主張したのは誰か。

Q057 社会的知識は、道徳、社会的慣習、個人という3つの独立した領域から構成されるという領域特殊理論を提唱したのは誰か。

3-9　思春期・青年期の心理発達

Q058 思春期以降心理的な独立が志向され、親や学校、社会との間に葛藤や摩擦が生じるようになる時期を何と呼ぶか。

Q059 青年期における親からの自立は、さまざまな言葉で表される。ブロス（Blos, P.）は、青年の親からの自立を何と呼んだか。

Q060 米国の心理学者であるホリングワース（Hollingworth, L. S.）は、青年の親からの自立を何と呼んだか。

3-8 道徳性の発達　解説

A054 ☐☐☐
前慣習的水準
慣習的水準
慣習以後の水準
（脱慣習的水準）

前慣習的水準とは、目に見えるものや外的、物理的結果によって道徳的価値が判断される水準である。また、慣習的水準とは、個人ではなく慣習的な秩序や法律などの社会的規範によって道徳的価値が判断される水準であり、慣習以後の水準とは、現実の社会や規範を超え、普遍性を持つ原則を志向する水準である。

A055 ☐☐☐
モラルジレンマ課題

コールバーグは、「妻の命を助けるために、薬を盗む」といった道徳的葛藤場面を提示し、その行為に対する道徳的判断を求めるという形で、道徳性の研究を行った。このような課題をモラルジレンマ課題と呼ぶ。

A056 ☐☐☐
ギリガン
(Gilligan, C.)

ギリガンは、コールバーグのいう道徳性の発達が「正義の原理」を中心としているとして、配慮や思いやりを重視した道徳性の発達を強調した。

A057 ☐☐☐
トゥリエル
(Turiel, E.)

道徳領域は、ルールや慣習に関係なく、正義や福祉に関する善悪を、社会的慣習領域は、規則や社会の秩序に基づく善悪を含む。トゥリエルは、この3つの領域の違いを理解できるよう、子どもにかかわることが重要であると主張した。

3-9 思春期・青年期の心理発達　解説

A058 ☐☐☐
第二次反抗期

なお、第一次反抗期は2〜3歳頃の自己主張や拒否が多く見られるようになる時期のことである。また、第一次反抗期と第二次反抗期ともに、中核となるのは自立することであり、反抗することが本質であるわけではない。

A059 ☐☐☐
第二の個体化

マーラーの分離−個体化理論の影響を受け、青年期を第二の個体化の過程とした。

A060 ☐☐☐
心理的離乳

ホリングワースは、幼児期の生理的で肉体的な離乳に対し、青年期の精神的な親離れを心理的離乳と呼んだ。

3 発達・教育

Q061 青年期は、社会で活躍するための能力を発達させたり、責任を引き受けていくための準備を行ったりする時期であるとされ、社会的な責任や義務がある程度猶予されている。このような猶予期間のことを何と呼ぶか。

Q062 危機の経験と人生の重要な領域である活動への傾倒という2つの観点から、同一性地位を下図のように分類したのは誰か。

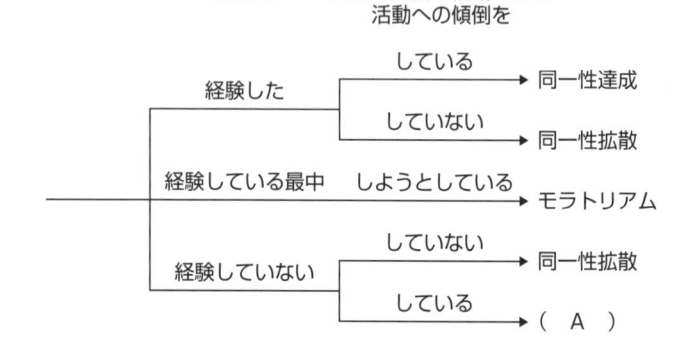

```
危機を          人生の重要な領域である
                活動への傾倒を

              ┌─ している      → 同一性達成
   経験した ──┤
              └─ していない    → 同一性拡散

経験している最中  しようとしている → モラトリアム

              ┌─ していない    → 同一性拡散
経験していない ─┤
              └─ している      → （ A ）
```

Q063 上図のAに当てはまる、同一性の状態を何と呼ぶか。

3-10　学習動機づけ

Q064 動機づけは、動機の源泉のあり方によって、下図のように分類されることがある。空欄A・Bに入る語句は何か。

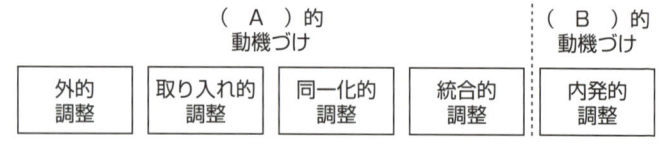

（ A ）的動機づけ				（ B ）的動機づけ
外的調整	取り入れ的調整	同一化的調整	統合的調整	内発的調整

Q065 純粋な好奇心や楽しみに基づいて行っている活動に対して、外から報酬を与えると、かえって動機づけが低下することがある。この現象のことを何と呼ぶか。

A061 □□□
モラトリアム
(心理社会的モラ
トリアム)

もともとは経済学の用語であり、非常時における債務の支払い猶予を意味する。青年期は、身体的には十分に成長した状態である。しかし、十分な社会生活を送るためには、知識や技術の獲得、社会人としての意識や自覚を備える必要がある。そのような準備を行う時期がモラトリアムである。

A062 □□□
マーシャ
(Marcia, J. E.)

同一性達成とは、自分についてのさまざまな悩みや苦悩などの危機を経たうえで、自らの生き方を選択し、傾倒（コミットメント）できている状態である。同一性拡散とは、危機の経験の有無にかかわらず、積極的な傾倒ができず、自らの人生について責任ある主体的な選択ができていない状態である。またこの分類によれば、モラトリアムとは、危機を経験しながらも、傾倒のための模索をしている状態であるということができる。マーシャは同一性地位面接という半構造化面接を用いて、このような分類を行った。

A063 □□□
早期完了

早期完了は、親など周囲から与えられた生き方を、不協和を起こすことなく取り入れている状態である。一見同一性達成をしているように見えるものの、マーシャ自身は、この状態を肯定的にはとらえていない。

▶▶▶ 3-10 学習動機づけ　解説

A064 □□□
A：外発
B：内発

外発的動機づけとは、「報酬がもらえるから」「罰を受けたくないから」のように、外的な要因によってもたらされる動機づけである。一方内発的動機づけとは、「その行動が楽しいから」のように、自分自身の中に動機づけの源泉が存在する動機づけのことである。

A065 □□□
アンダーマイニング効果

内発的動機づけによる行動に対して、外的な報酬を与えると、内発的動機づけが低下することがある。これをアンダーマイニング効果と呼ぶ。

Q066 セリグマン（Seligman, M. E. P.）は、対処不可能な電気ショックを与え続けることで、イヌが無気力になることを実験的に示した。この現象のことを何と呼ぶか。

Q067 ワイナー（Weiner, B.）は、失敗や成功に対する原因帰属の仕方が動機づけに影響を与えるとして、帰属を3つの次元によって分類しているが、それぞれ何という次元か。

Q068 デシとライアン（Deci, E. L. & Ryan, R. M.）は、「自律性」「有能さ」「関係性」という3つの要素から人間の動機づけを理論化した。この理論のことを何というか。

Q069 デュエックら（Dweck, C. S. et al.）は、学業場面などにおける行動や認知、感情は、学習者の認知する目標によって影響されることを提唱した。この理論のことを何というか。

3-11 教授学習法

Q070 どのような指導法が有効かは、学習者の特性によって異なる。この現象のことを何と呼ぶか。

Q071 子どもに、学習の内容について完全に理解することをめざす考え方を何と呼ぶか。

Q072 ブルーナー（Bruner, J. S.）が『教育の過程』などで提唱した学習法を何と呼ぶか。

A066 □□□
学習性無力感

学習性無力感は、制御不可能な状況にさらされ続けることで、対処が不可能であることを学習し、無気力になった状態のことである。

A067 □□□
原因の所在
安定性
統制可能性

原因の所在とは、原因が自分にあるのか、自分の外にあるのかという次元であり、安定性とは、その結果が一時的なものか継続的なものかという次元である。そして統制可能性とは、自分自身でコントロールできるのか否かという次元である。

A068 □□□
自己決定理論

Q064における内発的動機づけと外発的動機づけの分類も、自己決定理論によるものである。自己決定理論では、動機づけが内発的なものか外発的なものかではなく、その動機がどのくらい自律的なものであるかに重きを置いている。

A069 □□□
達成目標理論

デュエックらは、主な目標として、課題を習得し、能力を高めようとする学習目標と、自分の能力の高さを示し、悪い評価を避けようとする遂行目標の2つを挙げている。

▶▶ 3-11 教授学習法　解説

A070 □□□
適性処遇交互作用

クロンバック（Cronbach, L. J.）が提唱した現象である。学習者の持っている知能や性格、認知スタイルなど（適性）によって、指導法（処遇）の効果は異なるとされる。

A071 □□□
完全習得学習

これは、ブルーム（Bloom, B. S.）が、キャロル（Carroll, J. B.）の理論を発展させ、提唱したものである。ここから、教育目標の分類や評価の方法などが理論化された。

A072 □□□
発見学習

発見学習とは、ただ課題をこなすだけではなく、学習者自身が問題を考え、発見に至るような思考を身につけるための学習法である。わが国では、仮説実験授業などの形で実践が行われている。

3 発達・教育

Q073 オーズベル（Ausubel, D. P.）は、単に新しい知識を身につけるだけでなく、それを既有知識と結びつけることで、新しい知識の意味づけが促進されるとした。このような学習を何と呼ぶか。

Q074 オーズベルによる学習法において、新たな知識を効果的に受け入れるうえで、その知識に関連する知識構造の領域を活性させるために、あらかじめ提供される情報のことを何というか。

Q075 スキナー（Skinner, B. F.）が提唱したプログラム学習における原理のうち、小さな課題を少しずつ出していくとする原理を何と呼ぶか。

Q076 スキナーは直線型のプログラム学習を考案したが、枝分かれ型のプログラム学習を考案したのは誰か。

3-12 教育評価

Q077 評価を行う時期による、教育評価の分類を提唱した米国の教育心理学者は誰か。

Q078 指導を行う前の評価、指導期間の途中で行う評価、指導が完了した後に行う評価をそれぞれ何と呼ぶか。

Q079 総括的評価が持つ２つの機能は何か。

A073 ☐☐☐
有意味受容学習

オーズベルは、知識の獲得に際し受容という能動的認知過程が重要であるとしている。受容とは、新しい知識を、すでに既有知識と結びつけ意味を持たせることで、自らの知識体系の中に主体的に位置づけることである。

A074 ☐☐☐
先行オーガナイザー

先行オーガナイザーには説明オーガナイザーと比較オーガナイザーとがある。適切な先行オーガナイザーを提供することで、その後の知識の理解は促進される。

A075 ☐☐☐
スモールステップの原理

プログラム学習では、学習者が主体的に取り組むこと（積極的反応の原理）や、小さな課題を少しずつ出していくこと（スモールステップの原理）、解答に対する正誤などの情報を即時伝えること（即時確認の原理）、学習者自身のペースで学習を進めること（自己ペースの原理）などが重視されている。

A076 ☐☐☐
クラウダー
(Crowder, N. A.)

スキナーは、すべての学習者が同じステップで学習を行う直線型プログラムを考案したが、クラウダーは各ステップでの正答誤答によって、与えられる課題が変化する枝分かれ型プログラムを提唱した。

▶▶ 3-12 教育評価　解説

A077 ☐☐☐
ブルーム
(Bloom, B. S.)

ブルームは、各教育評価の概念を区別し、その概念や方法を確立した。

A078 ☐☐☐
診断的評価
形成的評価
総括的評価

診断的評価は学習者の事前の準備状態を、形成的評価は指導期間内における学習内容の理解状況を把握することで、指導の工夫・改善に役立てることができる。また総括的評価は、当初の目的がどの程度達成できたかということを評価するものである。

A079 ☐☐☐
指導機能
管理機能

指導機能とは、評価結果を今後の指導計画や指導方法の改善に役立てる機能のことである。一方管理機能とは、評価結果を用いて成績の評定を行ったり、進学や就職などの資料として役立てたりする機能のことである。

Q080 教育評価における方法のうち、目標への到達の程度に基づいて評価する方法と、所属集団内での相対的位置によって評価する方法をそれぞれ何と呼ぶか。

Q081 上の2つの評価方法のうち、評価の指標として偏差値を用いるのがより適切であるのはどちらか。

Q082 評価の基準を、子ども一人一人の個人基準に設定する評価を何と呼ぶか。

3-13　学習・学力

Q083 勉強がよくできる子どもは、性格も良いと教師から判断されやすくなるような現象のことを何というか。

Q084 ローゼンタールら（Rosenthal, R. et al.）の実験で知られる、教師の生徒に対する肯定的な期待によって、実際に生徒の成績が向上する現象を何というか。

Q085 学習に際し、課題全体をまとめて学習する方法と、課題を分割し、部分ごとに学習を行っていく方法を、それぞれ何というか。

Q086 書道を習うことで鉛筆による筆記も上達するなどのように、前に学習したことが、その後の学習に影響を及ぼすことを何というか。

A080 □□□
絶対評価
相対評価

絶対評価は、目標基準準拠評価や到達度評価とも呼ばれるものである。一方、相対評価は、集団準拠評価とも呼ばれる。

A081 □□□
相対評価

偏差値のほかにも、パーセンタイル順位など、集団内の位置を示す数値が、相対評価の指標として用いられる。

A082 □□□
個人内評価

個人内評価には、子どもの中でどの科目が得意・不得意かなどのプロフィールによって評価を行う横断的評価と、以前に比べてどれくらい進歩したかという時間的変化の評価を行う縦断的評価とがある。

▶▶ 3-13 学習・学力　解説

A083 □□□
ハロー効果
（光背効果、後光効果）

ハローとは後光の意味であり、ハロー効果とは、他者が何か望ましい（あるいは望ましくない）特徴を持っているときに、その人物の別の側面まで望ましい（あるいは望ましくない）と評価されやすくなる現象のことである。

A084 □□□
ピグマリオン効果
（教師期待効果）

期待を持つことによって、教師の生徒に対するかかわり方が変容することがこの効果の本質である。逆に、否定的な期待によって成績の低下が起こる現象をゴーレム効果と呼ぶ。

A085 □□□
全習法
分習法

これは、学習内容の配分による分類である。また、学習時間の配分による分類としては、続けて課題へ取り組む集中学習と、休憩をはさみながら行う分散学習とがある。

A086 □□□
転移

問題文のように、前に学習したことが、その後の学習に良い影響を与えることを正の転移、妨害的に働くことを負の転移という。なお、精神分析における転移とは別の概念である。

Q087 潜在的な学習能力（知能）に対して、著しく学業成績の良い者、反対に著しく学業成績の悪い者をそれぞれ何というか。

Q088 加盟国を中心として、学習到達度調査（PISA）を実施している国際機関は何か。

3-14　知能に関する理論

Q089 知能の2因子説を提唱したのは誰か。

Q090 知能の多因子説を提唱したのは誰か。

Q091 知能の3次元構造モデルを提唱したのは誰か。

Q092 一般知能として流動性知能と結晶性知能の2つを提唱したのは誰か。

Q093 流動性知能と結晶性知能とのうち、加齢による衰退がより顕著なのはどちらか。

Q094 知能構造に関する数多くの研究を再分析し、知能が一般知能を含む3層の構造を持つとしたのは誰か。

A087 □□□
オーバー・アチーバー
アンダー・アチーバー

アンダー・アチーバーは、潜在的な能力を十分に発揮できていない状態であることを示すため、どういった要因が学業を低下させているのかを同定し、支援を行う必要がある。

A088 □□□
経済協力開発機構
(OECD)

OECDが実施しているPISAは、単なる知識の量だけでなく、知識を活用する問題解決能力などもとらえようとするものであり、わが国の教育政策上でもしばしば注目されている。

▶▶ 3-14 知能に関する理論　解説

A089 □□□
スピアマン
(Spearman, C. E.)

2因子説とは、語学や音楽、数学など、すべての知的活動に寄与する一般因子と、各活動個別に寄与する特殊因子の2種類があるとする説である。

A090 □□□
サーストン
(Thurstone, L. L.)

多因子説とは、2因子説のような一般因子は想定せず、主要な因子を複数想定する説である。サーストンは、因子分析を用いた研究に基づき、記憶や推理などを含む7つの知能因子があるとしている。

A091 □□□
ギルフォード
(Guilford, J. P.)

ギルフォードは当初、内容×所産×操作という3つの次元から、知能について120個の因子を想定した。

A092 □□□
キャッテル
(Cattell, R. B.)

流動性知能とは、計算や記憶、類推など新しい場面での適応を必要とする際に働く知能であり、結晶性知能とは、言葉の理解や知識のように、文化や教育などの学習経験によって得られる能力のことである。

A093 □□□
流動性知能

流動性知能は、能力のピークが10代後半から20代前半頃までであるとされ、加齢に伴う衰退が顕著である。一方結晶性知能は、能力のピークがより遅く、加齢に伴う衰退も緩やかである。

A094 □□□
キャロル
(Caroll, J. B.)

キャロルの分析結果はキャッテルの理論と統合され、CHC理論として知られている。

3　発達・教育

3-15　知能検査

Q095 1905年にビネー（Binet, A.）とともに知能検査を開発したフランスの精神科医は誰か。

Q096 知能指数の概念を提唱したのは誰か。

Q097 ビネー式知能検査を改訂し、知能指数を取り入れたスタンフォード・ビネー式知能検査を開発したのは誰か。

Q098 スタンフォード・ビネー式知能検査において、生活年齢が3歳0か月の子どもの精神年齢が4歳6か月であった場合、知能指数はいくつになるか。

Q099 田中寛一がビネー式知能検査をもとに考案した知能検査法を何と呼ぶか。

Q100 ウェクスラー（Wechsler, D.）は幼児、児童、成人を対象とした別個のウェクスラー式知能検査を開発したが、それぞれの検査を何というか。

Q101 ウェクスラー式知能検査では、知能指数の算出法が当初のビネー式とは異なっている。ウェクスラー式における知能指数の種類を何と呼ぶか。

Q102 イリノイ大学のカークら（Kirk, S. A. et al.）が学習障害児の診断のために開発した言語学習能力を測定するための検査は何か。

Q103 カウフマン夫妻（Kaufman, A. S. & Kaufman, N. L.）によって開発された、認知機能をとらえるための検査は何か。

3-15 知能検査 解説

A095 □□□
シモン
(Simon, T.)

1905年にビネーは、シモンと共同で世界初となる知能検査を開発した。これは当初障害児の早期発見と適切な教育を行う目的で開発された。

A096 □□□
シュテルン
(Stern, W.)

シュテルンは輻輳説の提唱者としても有名である。

A097 □□□
ターマン
(Terman, L. M.)

ターマンは大規模な検査の標準化を行い、これがビネー式知能検査を広める大きなきっかけとなった。

A098 □□□
150

スタンフォード・ビネー式知能検査では、知能指数は以下の式によって求められる（小数第1位を四捨五入）。

$$知能指数(IQ) = \frac{精神年齢(MA)}{生活年齢(CA)} \times 100$$

A099 □□□
田中ビネー法

田中ビネー法による知能検査は時代を追って改訂が重ねられており、2016年現在の最新版は田中ビネー知能検査Vである。

A100 □□□
WPPSI
WISC
WAIS

それぞれWechsler Preschool and Primary Scale of Intelligence、Wechsler Intelligence Scale for Children、Wechsler Adult Intelligence Scaleの略である。

A101 □□□
偏差知能指数
(DIQ)

偏差知能指数とは、同年齢集団における相対的な位置で知能を表すものである。また田中ビネー知能検査Vでも、偏差知能指数が取り入れられている。

A102 □□□
ITPA

ITPAは言語学習能力を回路、過程、水準という3つの次元からとらえ、個人内差を把握するために用いられる。

A103 □□□
K-ABC

K-ABCでは、認知機能を継次処理と同時処理という視点から子どもの認知の特性を把握することで、個々の子どもに適した教育支援を行うために用いられている。

3 発達・教育

3-16 発達検査

Q104 1932年に「小児検査、1歳から6歳までの発達検査」を公刊したのは誰か。

Q105 「小児検査、1歳から6歳までの発達検査」では、知能検査における知能指数や精神年齢に相当する指標をそれぞれ何と呼ぶか。

Q106 1949年に刊行された「小児検査、1歳から6歳までの発達検査」の日本語版は何という名称か。

Q107 「乳幼児発達診断法」を開発したのは誰か。

Q108 「乳幼児発達診断法」は誰による発達検査をもとにしたものか。

Q109 遠城寺宗徳が開発した乳幼児向けの発達スクリーニング検査は何か。

Q110 1951年に京都市児童院で開発された発達検査は何か。

Q111 上田礼子らによって1980年に公表された発達スクリーニング検査は何か。

Q112 グッドイナフ（Goodenough, F.）が1926年に報告した、動作性の知能検査を何というか。

▶▶ 3-16 発達検査 解説

A104 □□□
ビューラー(Bühler, C.)・
ヘッツァー(Hetzer, H.)

現在使用されている多くの発達検査の原型となっている。

A105 □□□
発達指数（DQ）
発達年齢（DA）

ビネー式の知能検査と同様に下記の式で算出する。

$$発達指数(DQ) = \frac{発達年齢(DA)}{生活年齢(CA)} \times 100$$

A106 □□□
乳幼児精神発達検査

牛島義友らによって作成されたものである。それ以前にも「ウヰン式テスト法」という名の日本語版が存在したが、牛島らによって本格的な再標準化が行われた。

A107 □□□
津守真・稲毛教子

0歳～7歳までを対象とした、質問紙式の発達検査である。

A108 □□□
ゲゼル(Gesell, A. L.)・
アマツルダ(Amatruda, C. S.)

わが国では「発達診断学：小児の正常発達と異常発達」という名で邦訳されている。ビューラーによる発達検査と同様、多くの発達検査の原型となったものである。

A109 □□□
遠城寺式乳幼児分析的発達検査

乳幼児向けの発達スクリーニング検査としてはわが国初のものであるとされる。

A110 □□□
K式発達検査

本検査は、新版K式発達検査2001、新版K式発達検査2020へと改訂が行われ、現在も使用されている。

A111 □□□
日本版デンバー式発達スクリーニング検査

フランケンバーグ（Frankenburg, W. K.）とドッズ（Dodds, J. B.）による「デンバー式発達スクリーニング検査」の日本版である。現在では、改訂日本版デンバー式発達スクリーニング検査が用いられている。

A112 □□□
グッドイナフ人物画知能検査(DAM)

子どもの描いた人物画を、各部分の描かれ方や、大きさの比率などによって評価し、精神年齢を算出するものである。

3-17 発達障害

Q113 DSM-5では、知的能力障害などの疾患は何というカテゴリーに分類されているか。

Q114 DSM-5では、知的能力障害（知的発達症）は重症度が4つの段階に分類されるが、それぞれを何と呼ぶか。

Q115 かつて自閉症の原因は親の育て方にあるとする見方があった。冷淡な態度の母親を「冷蔵庫マザー」と呼び、自閉症の原因であると主張したのは誰か。

Q116 1943年に自閉症の症例報告を行った米国の精神医学者は誰か。

Q117 1944年に自閉性精神病質として子どもの症例報告を行ったオーストリアの小児科医は誰か。

Q118 自閉症における基本的な障害である「3つ組」を提唱したのは誰か。

Q119 自分や他者の目的・意図・信念・思考などの心の状態を理解する枠組みのことを何というか。

Q120 DSM-Ⅳ-TRにおける自閉性障害やアスペルガー障害は、DSM-5では何と呼ばれているか。

▶▶▶ 3-17 発達障害 解説

A113 □□□ 神経発達症群	一般に発達障害とされる多くの疾患は、先天的な神経発達上の障害によるものである。
A114 □□□ 軽度 中等度 重度 最重度	知的能力障害（知的発達症）は、DSM-Ⅳ-TRでは精神遅滞と呼ばれ、知能指数が分類の基準となっていたが、DSM-5では、知的機能と適応機能に基づいて分類が行われる。
A115 □□□ ベッテルハイム (Bettelheim, B.)	自閉症の症例報告から約20年間、自閉症は後天性の精神疾患と考えられ、絶対受容などの対応が推奨されていたが、1960年代には、先天的な障害であることが明らかになっている。
A116 □□□ カナー (Kanner, L.)	カナーによって早期小児自閉症として11人の児童が報告されたことが、自閉症が注目されるきっかけとなった。
A117 □□□ アスペルガー (Asperger, H.)	アスペルガーが報告した症例は、カナーによる症例と若干異なり、言語面の遅れが見られないという特徴がある。これは、後にアスペルガー症候群と名づけられた。
A118 □□□ ウィング (Wing, L.)	3つ組とは社会性の障害、コミュニケーションの障害、想像力の障害の3つである。またウィングは、Q117のアスペルガー症候群という言葉の提唱者でもある。
A119 □□□ 心の理論	バロン=コーエン（Baron-Cohen, S.）によるサリー・アン課題などが有名である。自閉症児における社会性の障害は、この心の理論が十分に備わっていないためであると考えられている。
A120 □□□ 自閉スペクトラム症 (ASD)	かつての自閉性障害やアスペルガー障害は、社会的コミュニケーションや対人的相互作用反応の障害と限定された反復的な行動、興味、または活動の様式という2つの症状を中心とする連続的な疾患であるとされている。

3 発達・教育

Q121 DSM-5における注意欠如・多動症（ADHD）を特徴づける2つの症状は何か。

Q122 DSM-5における限局性学習症は、どのような能力の障害であるとされるか。

3-18　特別支援教育

Q123 以下はわが国における発達障害者支援法に定められている発達障害の定義である。文中の空欄に入る語句は何か。

> 自閉症、アスペルガー症候群その他の広汎性発達障害、学習障害、注意欠陥多動性障害その他これに類する（　　　）の障害であってその症状が通常低年齢において発現するものとして政令で定めるものをいう。

Q124 特別支援教育が実施される以前に、わが国で実施されていた障害など特別なニーズを持つ子どもたちへの教育を何というか。

Q125 わが国において特別支援教育が施行されたのは何年か。

Q126 発達障害児などにおいて、障害があるために周囲との折り合いが悪くなるなどした結果生じる、問題行動や抑うつなどを何というか。

Q127 文部科学省による定義では、どのような能力の習得と使用に困難を示す場合に学習障害とされるか。

Q128 特別支援教育において、教育的支援を行う人や機関との間の連絡・調整を行うために、各学校に置かれている役割を何というか。

A121 □□□
不注意
多動性および衝動性

DSM-Ⅳ-TRでは注意欠陥・多動性障害と呼ばれていた疾患である。2つの症状のいずれかが優勢な群と、両方が混合している群とに分類される。多動性および衝動性については、発達に伴い症状が軽減されることも多い。

A122 □□□
読字、書字、算数

DSM-Ⅳ-TRでは学習障害（LD）と呼ばれていた疾患である。知的能力障害ではうまく説明されない、特定の能力の低さを特徴としている。

▶▶▶ 3-18 特別支援教育　解説

A123 □□□
脳機能

ここで挙げられている障害の名称がDSM-5と異なっていることからもわかるとおり、発達障害の基準や用語の意味などは、医療領域や教育領域などによって異なることがあるため、注意が必要である。

A124 □□□
特殊教育

特別支援教育では、個別の教育支援計画や関連機関の連携による地域での総合的な支援を理念としている。また、対象がLDやADHDの子どもなどにも拡大された。

A125 □□□
2007(平成19)年

なお、実施に先立つ学校教育法の改正自体は2006（平成18）年に行われている。

A126 □□□
二次的障害
（二次障害）

発達障害を持つ子どもは、二次的障害によって社会的不適応に陥るケースも少なくない。そのため、周囲の理解と適切な対応が不可欠である。

A127 □□□
聞く、話す、読む、書く、計算する又は推論する能力

文部科学省の定義と、DSM-5における限局性学習症とでは、障害に含む能力が異なっている。また文部科学省における学習障害では、基本的に「全般的な知的発達に遅れはない」としている点も、DSM-5と異なる部分である。

A128 □□□
特別支援教育コーディネーター

教員や保護者だけでなく、地域の医療・福祉等の機関との間で連携・協力を行うことが期待されている。

3 発達・教育

Q129 特別支援教育において、教育支援に関連する部局・機関間の連携協力を円滑にするためのネットワークとして、都道府県に設置される仕組みを何というか。

Q130 軽度の障害を持つ児童生徒が、通常の学級に在籍し特別な場で指導を受けることができる制度を何というか。

Q131 障害など、特別な支援を必要とする児童生徒のために、小・中学校に設置されている学級のことを何というか。

Q132 特別支援教育の実施に伴い、盲学校、聾学校、養護学校は、新たに何という名前でスタートしたか。

3-19　教育相談・スクールカウンセリング

Q133 スクールカウンセリングにおける、3つの主要な援助活動とは何か。

Q134 ロジャーズ（Rogers, C. R.）などの取組みによって発展した、グループでの相互作用を通して、自己成長をめざす活動を何というか。

Q135 生徒を対象に、仲間の相談に乗ったり、援助したりするなどの援助能力を身につける訓練を行い、生徒どうしの援助関係を促進するための取組みのことを何と呼ぶか。

Q136 個人や集団を対象として行う、適切な自己主張の訓練のことを何というか。

A129 □□□
広域特別支援連携協議会

特別支援教育では、子どもや保護者への継続的な支援のために、地域での多分野・多職種による支援ネットワークが重視されており、さらにネットワーク間の連携・協力も推奨されている。

A130 □□□
通級

通常の教育課程による学習がおおむね可能である水準の児童生徒が通級指導教室で指導を受けるものであり、1993（平成5）年に制度化された。

A131 □□□
特別支援学級

従来特殊学級と呼ばれていたものである。通級とは違い、児童生徒はこの特別支援学級に在籍することになる。

A132 □□□
特別支援学校

特別支援学校は、地域全体の指導・支援にかかわるセンター的機能も期待されている。

3-19 教育相談・スクールカウンセリング　解説

A133 □□□
カウンセリング
コンサルテーション
コーディネーション

コンサルテーションとは、教師や親など、子どもを援助する立場の人々に対して、子どもの援助を目的として行われる相談援助活動である。またコーディネーションとは、教員や保護者、学外の専門機関との間の連携を仲介する活動である。

A134 □□□
エンカウンター・グループ

ロジャーズによるベーシック・エンカウンター・グループなどの活動の総称である。学校現場では構成的グループエンカウンターという形で実施されることがある。

A135 □□□
ピア・カウンセリング
（ピア・サポート）

ピア・カウンセリングの実施形式はさまざまであり、クラスの生徒全体に訓練を行う場合もある。また、イギリスやカナダではいじめ防止のためにも役立てられている。

A136 □□□
アサーション・トレーニング
（主張訓練）

アサーション・トレーニングとは、単に自分の言いたいことを言うのではなく、周囲への配慮を伴う適切な自己主張を身につけるための訓練である。

3 発達・教育

Q137 人間関係を効果的に行うための技術・能力のことを何というか。

Q138 自己効力感という概念を提唱したのは誰か。

Q139 モレノ（Moreno, J. L.）が提唱した、集団の心理的な特徴を数学的に扱う理論を何というか。

Q140 DSM-5において、特定の場面でのみ一貫して話すことができずに、コミュニケーションや適応の妨げとなる疾患を何と呼ぶか。

Q141 DSM-5において、愛着を持っている人物からの分離に対して、過剰な恐怖を示す疾患を何と呼ぶか。

Q142 突発的、急速で、反復性、非律動性の運動、または発声のことを何というか。

Q143 DSM-Ⅳ-TRにおける反応性愛着障害は、DSM-5において反応性アタッチメント障害と何とに分割して扱われているか。

Q144 遊びを通して、子どもに対して行われる心理療法を何というか。

Q145 各市区町村の教育委員会が、不登校の児童生徒の学習や学校復帰を支援するために運営している教室のことを何というか。

A137 □□□
ソーシャルスキル
（社会的スキル）

ソーシャルスキルを身につけるため、個人あるいは集団を対象として行われる訓練を、ソーシャルスキルトレーニング（SST）と呼ぶ。

A138 □□□
バンデューラ
（Bandura, A.）

自己効力感（セルフ・エフィカシー）とは、自分がある行動を適切かつ効果的に実行できるという感覚のことであり、ソーシャルスキルの実行や学習行動などを適切に実行するために必要であるとされる。

A139 □□□
ソシオメトリー

学校現場では学級集団を対象に、集団内の関係を把握するソシオメトリック・テストを実施することがある。

A140 □□□
選択性緘黙

選択性緘黙の子どもは"話さない"のではなく"話せない"のであり、子ども自身も困っていることが多い。学校では、単におとなしい子として見落とされることがあるため注意が必要である。

A141 □□□
分離不安症

正常な分離不安とは異なり、発達的に不適切であり、かつ生活機能に障害が生じている状態が一定期間以上持続した場合に診断される。なおDSM-5では、選択性緘黙とともに不安症群に分類されている。

A142 □□□
チック

特に、運動チックと音声チックが1年以上持続するものをDSM-5ではトゥレット症という。むやみに指摘すると悪化することも多く、周囲の適切な対応が必要となる。

A143 □□□
脱抑制型対人交流障害

DSM-Ⅳ-TRにおける反応性愛着障害の2つの下位分類が、DSM-5ではそれぞれ独立して扱われるようになった。

A144 □□□
遊戯療法

子どもは、言語能力が十分でないため、言葉を用いた心理療法には適さない。しかしながら、遊びの中に豊かな心的世界が表現されるため、遊びを通して子どもへの心理的援助を行うのが、遊戯療法である。

A145 □□□
適応指導教室

自治体によっては設置していない場合や名称が異なる場合もあるが、適応指導教室という名称が一般的である。

3 発達・教育

3-20　発達研究の方法

Q146 発達の研究を行う際に、ある特定の時期において、年齢の異なる群からデータを集め、比較をするというような研究法を何と呼ぶか。

Q147 特定の集団を対象として1歳の時点と2歳になった時点でデータを集め、比較をするというような研究法を何と呼ぶか。

Q148 発達研究において、「同時期に同じような経験をした人々」のことを何と呼ぶか。

Q149 双子における遺伝子の類似性を利用し、ある特性がどの程度遺伝の影響を受けるのか調べるための発達研究法を何と呼ぶか。

Q150 棒の手前に箱がある刺激（下図A）を乳児に提示し、刺激に十分馴れた後に、箱を取り除いてaあるいはbを提示すると、乳児はbが提示されたときに刺激をより長く注視する。このことから、乳児は箱の向こうで棒がつながっていると認知していたことがわかる。これは何という現象を利用したものか。

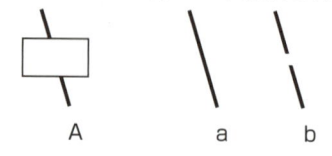

Q151 2枚の図を提示し、どちらの図を長く注視するかを調べることで、乳児の興味や視覚能力を調べる方法を何と呼ぶか。

3-20 発達研究の方法　解説

A146　☐☐☐
横断的研究法

横断的研究法は、1時点で調査が可能であるため、比較的調査協力者を集めやすいというメリットがあるが、年齢の異なる群の間で見られる差が、発達によるものなのかを同定しにくいというデメリットもある。

A147　☐☐☐
縦断的研究法

縦断的研究法は、同一の対象から継時的にデータを集めるため、実際の発達の変化を検討しやすいというメリットがあるが、一方で時間がかかることや、継続的に調査に参加できる調査協力者を集めにくいというデメリットもある。

A148　☐☐☐
コホート

たとえば、幼少時が戦争や災害等で栄養不足だった世代と、そうでない世代とでは、同じ年齢時点でも発育の状況が異なる。こうした「同時期に同じような経験をした人々」のことをコホートと呼ぶ。

A149　☐☐☐
双生児法

双生児の遺伝子は、一卵性双生児では100%、二卵性は平均50%が共有される。この関係を利用して、発達や個人差における遺伝的影響の程度を調べる方法である。

A150　☐☐☐
馴化、脱馴化

馴化とは、強化を伴わずに同一の刺激が繰り返し提示されることで、刺激に対する反応が減少していくことである。一方脱馴化は、新奇な刺激に対して再び反応が喚起されることである。乳児は、考えていることや感じていることを言語で報告することはできないが、この馴化と脱馴化を利用すれば、乳児が外の世界をどのように認知しているのかを調べることができる。

A151　☐☐☐
選好注視法

ファンツら（Fantz, R. L. et al.）によって開発された。乳児の注視行動をとらえることで、どのような図形を好むのかや、どの程度図形を弁別できるのかといったことを調べることができる。

③ 発達・教育　実力確認問題

適切な記述は○、適切でない記述は×で答えなさい。

□1　比較行動学の父であるローレンツは、さまざまな動物の観察を通して、哺乳類の中で人間のみが二次的就巣性という特性を持つことを明らかにした。　×　▶A001

□2　ハイイロガンの刷り込み（インプリンティング）のように、特定の学習が成立するための限られた時期のことを臨界期と呼ぶ。　○　▶A004

□3　発達の理論にはさまざまな立場があるが、ワトソンは、個体の持つ潜在的な特徴が発現するためには、一定の環境刺激が必要であるという環境説の立場をとっている。　×　▶A006

□4　輻輳説とは、従来の遺伝か環境かという二項対立的な議論に対し、遺伝と環境双方の重要性を主張したものであり、現在の発達心理学では基本的にこの輻輳説の立場が支持されている。　×　▶A009

□5　スキャモンは、一般型、生殖型、神経型、リンパ型という4つの身体部位が成長に伴ってどのように変化していくかという成長曲線を示した。　○　▶A010

□6　ピアジェの理論によれば、感覚運動期の子どもは、同化と調節のバランスを取りながら知能を発揮させていく。　○　▶A018

□7　具体的操作期の子どもは、具体的な事象に認知がとらわれやすいため、3つ山課題や量の保存など、自分の視点以外からの理解を必要とする課題の達成が難しい。　×　▶A021

□8　ヴィゴツキーは、子どもに対して発達の最近接領域に応じた課題を課し、大人が適切な足場かけを行うことが重要であると主張した。　○　▶A024

□9　ピアジェは、発達に伴う自己中心語の減少を脱中心化に伴うものであると説明し、ヴィゴツキーは内言と外言が分化していくことによるものであると説明した。　○　▶A026

□10　エリクソン, E. H. の理論は、ライフサイクルという視点から人間性の発達を記述したものであり、ロジャーズなどの人間性心理学を土台としている。　×　▶A029・A030

□11　エリクソンによる発達理論は漸成的発達論とも呼ばれる。　○　▶A031

□12 ユングは人生を日の運行にたとえ、成人前期と中年期の境を人生の正午と呼んだ。 ○ ▶A034

□13 ストレンジ・シチュエーション法において、子どもの典型的な反応を下図のように分類したとき、①のタイプは安定型と呼ばれる。 × ▶A039

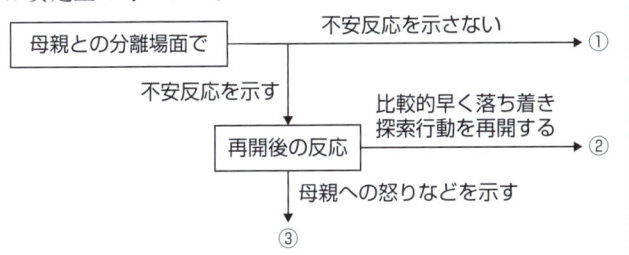

```
母親との分離場面で ──不安反応を示さない──→ ①
       │
    不安反応を示す
       ↓                比較的早く落ち着き
     再開後の反応 ──探索行動を再開する──→ ②
       │
    母親への怒りなどを示す
       ↓
       ③
```

□14 ハーロウは愛着の重要性を説いた心理学者として知られている。 ○ ▶A040

□15 養育者から虐待などの不適切な養育を受けることは、内的作業モデルの形成に影響することで、その後の対人関係にも影響を与える。 ○ ▶A042

□16 赤ん坊は生後すぐから他者に対して積極的に笑顔を示す。これは生理的微笑と呼ばれ、赤ん坊が生後すぐから他者に対して関心を持っていることを示すものである。 × ▶A047

□17 パーテンは遊び場面における子どもの行動を4つに分類した。 × ▶A050・A051

□18 コールバーグは、社会の秩序やルールに基づいて善悪を判断できる水準を慣習的水準と呼び、最終的にこの水準に達することの重要性を説いた。 × ▶A054

□19 トゥリエルは、コールバーグによる道徳性の発達理論が、男性的な価値観に偏ったものになっていると批判し、女性的な道徳性の重要性を理論化した。 × ▶A056

□20 思春期の頃から、子どもは親からの心理的な自立を志向するようになる。ブロスはこの過程を第二の個体化と呼んだ。 ○ ▶A059

□21 大学生のように、社会へ出る前に自らの可能性について試行錯誤する段階をモラトリアムと呼ぶ。 ○ ▶A061

□**22** マーシャによる同一性地位面接の分類において、下図の④に該当するのは早期完了である。

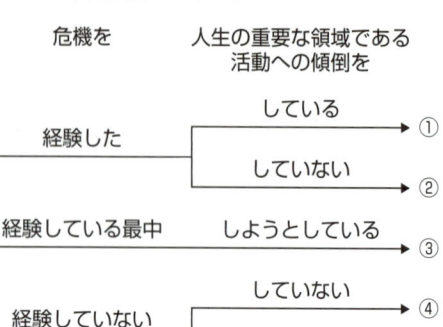

×
▶A062
・A063

```
          危機を            人生の重要な領域である
                            活動への傾倒を
                                している
                  経験した  ─────────────→ ①
                                していない
                            ─────────────→ ②
          経験している最中    しようとしている
          ─────────────────────────────→ ③
                                していない
                  経験していない ─────────→ ④
                                している
                            ─────────────→ ⑤
```

□**23** アンダーマイニング効果とは、外発的動機づけに対して適切な報酬を与えることで、徐々に内発的動機づけを促進できる現象のことである。

×
▶A065

□**24** ワイナーは、成功や失敗の原因をどのように帰属するかが、動機づけに影響すると主張した。

○
▶A067

□**25** 適性処遇交互作用とは、指導法の効果が学習者の適性によって異なるという現象のことである。

○
▶A070

□**26** クラウダーは、直線型のプログラム学習に対して枝分かれ型のプログラム型学習を提案した。

○
▶A076

□**27** ブルームによれば、指導期間の途中で行う評価は、診断的評価と呼ばれる。

×
▶A078

□**28** 個人内評価は到達度評価とも呼ばれ、個人がどの程度目標を達成したかを評価する。

×
▶A080

□**29** 学習に際し、学習内容を分割せずに、課題全体をまとめて学習する方法を集中学習という。

×
▶A085

□**30** バドミントン経験者が新たにテニスを学ぼうとするとき、バドミントンのラケット使用法に慣れているせいで、逆にテニスラケットをうまく使いこなすことに苦労するような現象は負の転移と呼ばれる。

○
▶A086

□31 キャッテルは、知能は一般因子と特殊因子とからなるとする２因子説を提唱した。　✕　▶A089

□32 キャロルは、知能の構造に関する多くの先行研究を再分析し、３次元からなる因子構造のモデルを提唱した。　✕　▶A091

□33 ターマンは、知能指数という概念を提唱し、スタンフォード・ビネー式知能検査を開発することで、知能検査の普及に貢献した。　✕　▶A096・A097

□34 ウェクスラー式の知能検査で用いられる偏差知能指数（DIQ）に対し、スタンフォード・ビネー式知能検査における知能指数では、極端に高い（あるいは低い）知能指数が得られやすい。　○　▶A101

□35 K-ABCは学習障害児の支援のため、言語学習能力を回路、過程、水準という３つの次元からとらえ、個人内差を把握するために用いられる検査である。　✕　▶A103

□36 「小児検査、１歳から６歳までの発達検査」では、発達指数を以下の式を用いて算出する。　✕　▶A105

$$発達指数(DQ) = \frac{精神年齢（MA）}{生活年齢（CA）} \times 100$$

□37 新版K式発達検査2001とは、2002年に京都国際社会福祉センターが公刊した発達検査である。　○　▶A110

□38 従来の精神遅滞は、DSM-5では知的能力障害と呼ばれ、知能指数ではなく、知的機能と適応機能によって、重症度を分類する。　○　▶A114

□39 アスペルガーが報告した自閉症の症例は、カナーが報告した症例に比べて、言語面での遅れが見られず、後にアスペルガー症候群と呼ばれた。　○　▶A117

□40 ウィングは、自閉症における障害の整理を行い、社会性の障害、コミュニケーションの障害、想像力の障害という３つ組が自閉症の基本的な特徴であるとした。　○　▶A118

□41 DSM-5における限局性学習症とは、全般的な知的能力に遅れがないにもかかわらず、読み、書き、計算、推論のいずれかが著しい遅れを示す疾患をさす。　✕　▶A122

☐**42** 特別支援教育では、子どもへの個別の支援計画や関係する支援者・機関の間の連携・協力を重視しており、各学校に特別支援教育コーディネーターを置くことになっている。

○
▶A128

☐**43** 特別支援学校を利用する場合、生徒は特別支援学校に籍を置くことになるが、特別支援学級や通級指導教室の場合は、生徒は通常学級に籍を置いたまま指導を受けることができる。

×
▶A130
・A131

☐**44** スクールカウンセリングにおける援助活動には、教師や親など、子どもを援助する立場の人々に対して、子どもの援助を目的として行われるコンサルテーションや、教員や保護者、学外の専門機関との間の連携を仲介するコーディネーションなどが含まれる。

○
▶A133

☐**45** ソシオメトリック・テストは、モレノが提唱したソシオメトリーに基づいて作成された。

○
▶A139

☐**46** 反応性愛着障害とは、愛着対象となっている人物からの分離に対して、過剰な恐怖を示す疾患のことである。

×
▶A141

☐**47** 幼児や児童は、言語によるコミュニケーション能力が十分でないため、心理療法を行うことはできない。

×
▶A144

☐**48** 一般に、横断的研究に比べて縦断的研究のほうが、協力者確保のためのコストや時間を多く必要とする。

○
▶A147

☐**49** 一卵性双生児と二卵性双生児における遺伝子の一致率の差を、コホートという。

×
▶A148
・A149

☐**50** 乳児に対して下図のAのような刺激を提示した後に、aあるいはbのいずれかを提示したときに、乳児がaの刺激のほうをより長く注視すれば、乳児はAの刺激に対しても、箱の後ろに一本の直線があると認知していたと解釈することができる。

×
▶A150

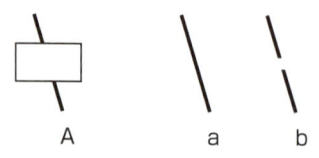

4

社会・感情・性格

　ここでは、人々がつながって「社会」をつくり、このつながりとかかわり合うための心の働きや、物事に対する喜怒哀楽などの「感情」、そして感じ方や行動の個人差として現れる「性格」について取り上げます。心理学への興味のうち、「○○する（人の）心理」と表現されるようなものの多くが、ここに入るでしょう。

　それぞれ、社会心理学、感情心理学、性格心理学あるいはパーソナリティ心理学として、別々の名前で呼ばれることが多いのですが、互いに関連の深い分野ですので、心理学検定ではひとまとまりの科目になっています。学び進めるうちに、それぞれのつながりが感じられてきたら、理解が深まってきた証拠です。

4 社会・感情・性格

4-1 自己と社会

Q001 19世紀末に、自己を「知る者としての自己（主我）」と「知られる者としての自己（客我）」の2つに分類して自己の二重性を提唱した心理学者は誰か。

Q002 「自己は他者や周囲の状況とは区別され独立した存在である」といった欧米社会で優勢な文化的自己観のことを何というか。

Q003 人には自分の意見や能力を正しく評価したいという欲求があるために、自分と他者を比較する傾向があるとした、フェスティンガー（Festinger, L.）が提唱した理論は何か。

Q004 自己評価を維持・高揚するために、外集団との境界を明確にしたり、自身の所属する内集団を高く評価したりするとした、タジフェルとターナー（Tajfel, H. & Turner, J. C.）による自己と集団間関係の関連を説明した理論は何か。

Q005 リアリー（Leary, M. R.）のソシオメーター理論において、対人関係や社会集団において受容・拒否されている状況を示すために機能しているとされた感情は何か。

Q006 自尊感情と文化的世界観（自分の所属する文化における価値観・信念への同一化）が、死に対する不安や恐怖を緩衝する機能を果たしているとした理論は何か。

Q007 自己効力感（セルフ・エフィカシー）の概念を提唱したカナダの心理学者は誰か。

▶▶ 4-1　自己と社会　解説

A001 □□□
ジェームズ
(James, W.)

「知られる者としての自己」をさらに「物質的自己」「精神的自己」「社会的自己」の3つの領域に分類した。

A002 □□□
相互独立的自己観

主に東アジア社会で優勢な相互協調的自己観と、欧米社会で優勢な相互独立的自己観の2つの主要な文化的自己観が提唱されている。

A003 □□□
社会的比較理論

自己高揚動機に基づいて、自尊心を上昇させるために自分よりも悪い状況の人と比較する行為を下方比較という。また、自己向上動機に基づいて自分より良い状態の人と比較する行為を上方比較という。

A004 □□□
社会的アイデンティティ理論

自分がどのような社会集団に所属しているかという自覚に基づいた自己概念のことを社会的アイデンティティという。この自己概念を維持・高揚するために、自身の環境を認知したり、変容するように働きかけたりする。

A005 □□□
自尊感情

自尊感情は自分自身を肯定的に評価しているかを示す感情である。ソシオメーター理論では、社会的環境を監視して他者からの拒絶を察知すると、自尊感情の低下によって危険性を示し、対応をとるように動機づけると考えている。

A006 □□□
存在脅威管理理論
(恐怖管理理論)

自尊感情や文化的世界観を強く保てているときは、死などの自分の存在を揺るがす恐怖は感じにくいと仮説されている。また、自分の存在を揺るがす恐怖を強く感じると、自尊感情や文化的世界観を高めたいと求める。

A007 □□□
バンデューラ
(Bandura, A.)

そのほかに社会的学習理論を提唱したことでも知られている。

4 社会・感情・性格

Q008 テッサー（Tesser, A.）の自己評価維持（SEM）モデルにおいて、人が自尊心を保つためにとる行為は「他者との比較（比較過程）」ともう一つは何か。

Q009 自己呈示の方略の一つで、評価を受ける課題の前に、その遂行に不利な状況を作ることで失敗したときの言い訳の材料を用意する行為を何というか。

Q010 自己の内面的な事柄を他者に対して伝える行為を何というか。

Q011 マーカス（Markus, H. R.）によって提唱された概念で、自己がかかわる情報処理を行う際に枠組みとして用いられる、体制化された自己知識のことを何というか。

Q012 ヒギンズ（Higgins, E. T.）が提唱した理論で、現実自己と理想自己・当為自己の葛藤やずれによって不快感情が生じるとした理論を何というか。

Q013 自己複雑性が高い人は一般に、ストレッサーによるネガティブな影響や感情の変動が大きいといえるか、それとも小さいといえるか。

A008 ☐☐☐
栄光浴
（反映過程）

栄光浴とは、高く評価された他者と自分自身に結びつきがあることを主張・意識することで、自己評価を上げる行為のことである。自己評価維持モデルは、他者と自己の心理的距離、課題の自己関連性、他者の遂行レベルの3つの要因から構成されている。

A009 ☐☐☐
セルフハンディキャッピング
（自己ハンディキャップ化）

自己呈示は、積極的にポジティブな印象を与えようとする主張的方略（下表）と、ネガティブな印象を低減しようとする防衛的方略があり、セルフハンディキャッピングは後者に該当する。

主張的方略	具体的行動例	目的とする印象	失敗時の印象
取り入り	意見に同調、お世辞を言う など	感じの良い	ごますり、おべっか
威嚇	脅迫、どなる など	危険な	うるさい、空威張り
自己宣伝	自身の業績の説明 など	能力のある	うぬぼれ、不誠実
示範	自己犠牲的な行動をとる など	立派な	偽善者
哀願	自己卑下、援助を求める など	かわいそう	怠け者

A010 ☐☐☐
自己開示

自己開示は、抑制された感情を発散したり、自身の感情や考えを整理したり、他者との関係性を親密化するなど、さまざまな機能を果たすことが指摘されている。

A011 ☐☐☐
自己スキーマ

自己スキーマと関連する情報は、処理の速度や判断が速くなり、記憶もされやすい。自分に関連づけて物事を記憶すると記憶成績が向上する現象を、自己関連づけ効果という。

A012 ☐☐☐
セルフ・ディスクレパンシー理論
（自己不一致理論）

現実自己と理想自己の葛藤が生じると不満や悲しみが生じ、現実自己と当為自己の葛藤が生じると罪悪感や不安が生じるとされている。

A013 ☐☐☐
小さい

リンヴィル（Linville, P. W.）によると、多様な自己側面を持つことで、一部の自己側面への脅威が生じても、全体の自己側面への影響は小さくなるとされている。

4-2 社会的認知

Q014 下図のモデルは、認知の主体（P）と他者（O）と認知の対象（X）の間の態度（矢印）が、ポジティブ（＋）かネガティブ（－）かを示している。以下のモデルを用いて3者間以上の態度の整合性に関する理論を提唱した心理学者は誰か。

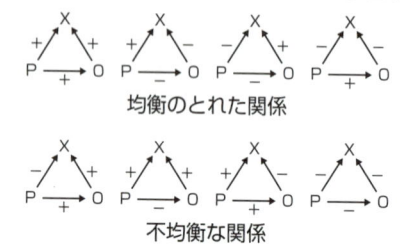

均衡のとれた関係

不均衡な関係

Q015 個人が複数の矛盾する認知を同時に持っていると、不快な緊張状態が生じ、それを解消しようと試みると説明した、フェスティンガーが提唱した理論は何か。

Q016 人は、自分の行動や周囲の状況などを手がかりにして自分を観察することで、自分の態度や感情を推測することが多いとした、ベム（Bem, D. J.）の提唱した理論は何か。

Q017 原因帰属のANOVAモデル（共変モデル）を提唱した米国の心理学者は誰か。

Q018 基本的な帰属の錯誤において、他者の行為の原因は、状況などの外的要因と、行為者の性格や能力などの内的要因のどちらに帰属されやすいとしているか。

Q019 自分にとって良い出来事は自分自身の性格や能力といった内的要因に原因帰属し、悪い出来事は自分の責任ではなく状況や環境などの外的要因に帰属する傾向を何というか。

4-2 社会的認知 解説

A014 ☐☐☐
ハイダー (Heider, F.)

ハイダーは、特に訓練されていない普通の人（naïve psychologist）が日常の出来事をどのように理解しているかを明らかにすることを目的とした素朴心理学の立場をとった。図の理論はバランス理論（認知的均衡理論、P-O-Xモデル）である。

A015 ☐☐☐
認知的不協和理論

認知的不協和が生じると、この緊張を解消しようとし、時には不合理な行動や認知をとる場合もある。

A016 ☐☐☐
自己知覚理論

自身の内的手がかりが乏しいときには、自分の内的状態の推測は他者の内的状態を知る過程と同じであるととらえた。

A017 ☐☐☐
ケリー (Kelley, H. H.)

ある事象の原因は、実態（行為の対象）・人（行為の主体）・時／様態（状況）のいずれかに帰属され、そのとき弁別性・合意性・一貫性の3つの情報の組合せが基準となって原因の帰属先が決定されると理論化されている。

A018 ☐☐☐
行為者の内的要因

外的要因の影響力に比較して、行為者の内的要因を過大評価する傾向がある。また、他者の行動をその人の内的要因に帰属し、自分の行動を状況に帰属する傾向を行為者-観察者バイアスという。

A019 ☐☐☐
セルフサービングバイアス

自己奉仕的帰属ともいう。自尊感情の維持・高揚のために生じるという説明や、自身の努力と成功の関連を知覚しやすいために生じるという説明がなされている。

4 社会・感情・性格

Q020 たとえば占いなどで「実は弱い側面を持つ」「好きなことには集中できる」といったように、実際には誰にでも当てはまるような言葉に対して「当たっている」と感じてしまう現象を何というか。

4-3 印象形成とステレオタイプ

Q021 以下のような2種類の特性語のリストを用いて、ある人物の性格特性として順に提示して印象を問う実験を行い、その結果から、印象形成のゲシュタルト説を提唱した心理学者は誰か。

リストA	聡明な→器用な→勤勉な→温かい →決断力のある→実際的な→用心深い
リストB	聡明な→器用な→勤勉な→冷たい →決断力のある→実際的な→用心深い

Q022 他者の印象を形成する情報について、望ましい情報と望ましくない情報が提示されたとき、望ましくない情報を重視して、それに基づいた印象を形成する傾向を何というか。

Q023 他者のある特徴に対して良い印象を形成していると、その人物の他の側面に対してまで良い印象を適用してしまう現象を何というか。

Q024 偏見や社会的差別などの否定的影響を伴いうる客観的属性のことを何というか。

Q025 自分がステレオタイプ的な扱われ方をされる可能性があるときに、それを意識することで生じる不快感や、ステレオタイプに沿ったような行動をとってしまう現象を何というか。

| A020 □□□ バーナム効果 | フリーサイズ効果ともいう。占いを当たっていると感じる他の理由として、自身の都合の良い情報（当たっている占い結果）ばかりに注意が向く傾向（確証バイアス）もある。 |

▶▶ 4-3 印象形成とステレオタイプ　解説

A021 □□□ アッシュ (Asch, S. E.)	全体印象の成立には個々の特性語が均等には寄与せず、「温かい」「冷たい」のように主となる印象形成の機能を果たす特性（中心特性）と、そうでない特性（周辺特性）があることを示した。
A022 □□□ ネガティビティバイアス	人は損失を避けたいと思う傾向が強く、ネガティブな情報に敏感であるため生じる。
A023 □□□ ハロー効果 （光背効果、後光効果）	良い印象・評価だけではなく、悪い印象・評価も全体に適用されることがある。
A024 □□□ スティグマ	奴隷や犯罪者などに記された「烙印」が語源である。
A025 □□□ ステレオタイプ脅威	自己成就予言の一種とも位置づけられる。

4 社会・感情・性格

Q026 ブルーナーら（Bruner, J. S. et al.）が提唱した、自身の経験や価値観をもとに、人間のパーソナリティについて信念体系を形成しているという理論を何というか。

Q027 フィスクとニューバーグ（Fiske, S. T. & Neuberg, S. L.）の印象形成の連続体モデルにおいては、カテゴリー依存型処理とピースミール依存型処理のどちらが先に行われると仮定されているか。

Q028 概念間の連合強度を反応時間実験によって測定することで、ある事象に対する潜在的な態度を調べる手法を何というか。

4-4　対人魅力と親密な対人関係

Q029 繰り返し経験する事象や何度も目にしたものに対して好意や親しみを感じる現象を何というか。

Q030 社会的交換理論において、以下のように自身と相手の報酬とコストの比のバランスから二者の関係性を定式化したモデルは投資モデル・衡平モデル・互恵モデルのうちどれか。

$$\frac{自分の報酬}{自分のコスト} = \frac{相手の報酬}{相手のコスト}$$

等しい（＝）場合は衡平で安定
不足（＜）の場合は不満
過大報酬（＞）の場合は申し訳なさが生じる

Q031 リー（Lee, J. A.）の恋愛の6類型において、相手の利益だけを考え、相手のために自分自身を犠牲にすることもいとわないタイプを何というか。

A026 □□□
暗黙のパーソナリティ観
(IPT)

「口調が荒い人は涙もろい」「色白の人はおとなしい」など、複数の特性間に関連性を仮定して信念化する。なお特定のカテゴリーに対する固定的な特性の信念がステレオタイプである。

A027 □□□
カテゴリー依存型処理

連続体モデルでは、まず印象形成の対象となる人物の該当するカテゴリー情報に基づいて印象を形成し（カテゴリー依存型処理）、その後、必要があれば対象人物の断片的で詳細な情報を吟味して印象を形成し直す（ピースミール依存型処理）。

A028 □□□
IAT
(潜在的連合検査)

IAT（Implicit Association Test）とは、顕在化された態度ではなく、人が意識せずに所有している潜在的態度を連合強度から測定する手法である。

▶▶ 4-4　対人魅力と親密な対人関係　解説

A029 □□□
単純接触効果

ザイアンス（Zajonc, R. B.）による説である。モアランド（Moreland, R. L.）は実験により、対人魅力にも単純接触効果が生じることを検証した。

A030 □□□
衡平モデル

好意や行動や金品などの交換の側面から対人関係をとらえて分析する理論を社会的交換理論という。投資モデルは主に恋愛関係を説明するものであり、現在の関係満足度、それまでの投資、代替関係の有無によって、関係への関与度が決まるとしている。互恵モデルは、「相手から報酬を獲得→関係満足度上昇→相手への投資」といった相互循環過程により二者関係を説明したモデルである。

A031 □□□
アガペ

マニア（狂気的な愛）、エロス（美への愛）、アガペ（愛他的な愛）、ストーゲイ（友愛的な愛）、プラグマ（実利的な愛）、ルダス（遊びの愛）の6つである。

4 社会・感情・性格

Q032 対人関係の発展を段階的に説明したマースタイン（Merstein, B. I.）のSVR理論において、関係の中期に重要とされている要因は何か。

Q033 対人関係の進展は自己開示を行うことで徐々になされていき、関係が親密化すると自己開示の内容が深く広くなっていくとした、アルトマンとテイラー（Altman, I. & Taylor, D. A.）の説を何というか。

4-5 協力・競争・援助行動

Q034 多数の人が個人の利益を追求した結果、集団全体として好ましくない事態が発生するような葛藤状況を何というか。

Q035 以下の空欄に当てはまる語句は何か。
シェリフら（Sherif, M. et al.）の「泥棒洞窟実験」では少年を２グループに分けて、さまざまな競争課題を与えたところ、相手集団に対する敵意や攻撃行動が生じた。しかし、（　　　）を設定したところ、協力的な行動が増え、敵意が減少した。

Q036 以下の空欄Ａ・Ｂに当てはまる語句は何か。
キティ・ジェノヴィーズ事件のように、目撃者が多数存在するにもかかわらず誰も行動を起こさないような現象を（　Ａ　）と呼ぶ。その発生原因として、否定的な結果の責任分散、行動や結果に対する周囲からの評価懸念、他者が積極的に行動しないことから事態は緊急でないと考える（　Ｂ　）が挙げられる。

A032 □□□
価値観

SVR理論は配偶関係の進展に関するモデルである。関係の初期には相手から受ける刺激（Stimulus）、中期は相手との価値観（Value）の共有、後期は互いの役割（Role）の適合性が重要とされる。

A033 □□□
社会的浸透理論

自己開示には返報性があり、相手の自己開示に対して、同様の深さの自己開示を返すといった、暗黙の規範が存在しているとされた。

4-5　協力・競争・援助行動　解説

A034 □□□
社会的ジレンマ

オリヴァーら（Oliver, P. E. et al.）は限界質量の理論を提唱し、一定水準の人数が協力的態度をとると協力率が拡大し、社会的ジレンマの解消につながるとしている。

A035 □□□
上位目標

上位目標とは、複数の下位集団が協力することで達成できる共通の目標である。この実験では「食料を積んだトラックが溝にはまり、全員が協力しないと食料を得られない」といった課題を用いた。

A036 □□□
A：傍観者効果
B：多元的無知
　（多数の無知）

傍観者効果とは、ある事件に対して自分以外の他者（傍観者）が存在すると率先した行動が抑制される現象である。ラタネとダーリー（Latané, B. & Darley, J. M.）によって実験的に検証された。キティ・ジェノヴィーズ事件とは、1964年にニューヨークで起こった殺人事件であり、目撃者が多数いたにもかかわらず、誰も助けに入ったり通報したりしなかったとされて話題となった。

4-6　社会的影響

Q037 報酬を期待することなく、他者のために自発的になされる向社会的行動のことを何というか。

Q038 以下の空欄A〜Dに当てはまる語句をa〜dから選べ。
複雑な作業は、一人で作業を行う場合に比べて、同じ作業を行ったり作業を見ていたりする他者が存在している場合は作業効率が（　A　）するが、単純な作業は作業効率が（　B　）する。前者の現象を（　C　）、後者の現象を（　D　）と呼ぶ。
[a. 上昇　b. 下降　c. 社会的促進　d. 社会的抑制]

Q039 集団で課題を遂行する際に、人数が多くなるほど1人当たりの努力量や貢献度が小さくなる現象のことを何というか。

Q040 観察者の存在が個人の課題遂行に与える影響力の強さを説明した社会的インパクト理論を提唱した米国の心理学者は誰か。

Q041 集団で話し合いを行って意思決定を行うと、単独での意思決定に比べて決定内容がより極端なものになりやすい現象を何というか。

4-6 社会的影響 解説

A037 □□□
援助行動

他者に利益をもたらす行動全般を向社会的行動という。援助行動の中でも愛他性（自分の利益よりも他者の幸福を大切とする価値観）に基づいて行われる行動を愛他行動という。

A038 □□□
A：b
B：a
C：d
D：c

一般に単純な課題のときは社会的促進が生じ、複雑な課題のときは誤反応が増えて社会的抑制が生じる。ザイアンスは、他者の存在によって覚醒水準が上昇するため、習熟した課題は正反応が促進されるが、未習熟な課題は誤反応が増えるために上記のような現象が生じると説明した（動因説）。

A039 □□□
社会的手抜き

社会的手抜きは、個人の貢献度がわかりにくい場合や、課題の魅力が低い場合、成員の関与度が低い場合に生じやすい。逆に努力量を高める現象は社会的補償という。

A040 □□□
ラタネ
(Latané, B.)

社会的インパクト理論では、観察者の存在が個人の遂行に与える影響力は、観察者が持つ勢力、観察の直接性・近接性、観察者と被観察者の人数によって規定されるとしている。

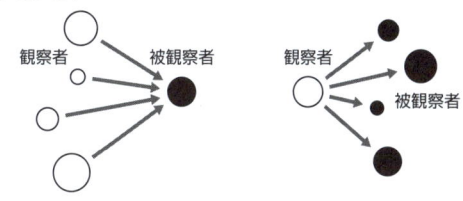

多数が1人を観察（影響が集中）　1人が多数を観察（影響が分散）
図4.1　社会的インパクト理論

A041 □□□
集団極性化
（集団分極化）

決定内容がより安全志向に傾くことをコーシャスシフト、リスクの高い志向に傾くことをリスキーシフトという。なおこの現象は集団凝集性の高い集団ほど生じやすい。

4 社会・感情・性格

Q042 以下のような刺激図形を用いて、線分の長さを比較判断するという単純な課題の実験から同調現象を検証した心理学者は誰か。

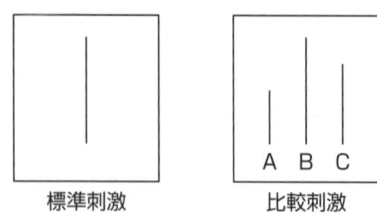

標準刺激　　　比較刺激

Q043 「アイヒマン実験」とも呼ばれる実験によって、人は権威者から下された命令にどこまで服従するかを調べた米国の心理学者は誰か。

Q044 群衆の中にいる状況で、自分を個別の存在としてとらえず、集団の一部に自己を埋没させてしまうことを何というか。

Q045 以下の空欄A・Bに当てはまる語句は何か。
フレンチとレイヴン（French, J. R. P., Jr. & Raven, B. H.）は社会的勢力の基盤を5つに分類している。たとえば、後輩は先輩に従わなければならないという規範がある場合、先輩は（　A　）勢力といえる。一方で後輩が先輩に憧れを抱いており積極的に先輩の影響を受けたいという場合、先輩は（　B　）勢力といえる。

Q046 以下の空欄A・Bに当てはまる語句をa〜dから選べ。
集団討議場面において、集団極性化や同調は（　A　）が高いほど生じやすい。このような状況では多数派の影響が優勢となりやすいが、少数派は（　B　）のある態度をとることで影響力を高める可能性がある。
［a. 集団凝集性　b. 議題への関与　c. 感受性　d. 一貫性］

A042 □□□
アッシュ
(Asch, S. E.)

「標準刺激の線分と同じ長さのものは比較刺激の3本のうちどれか」という極めて簡単な課題にもかかわらず、他の実験参加者（サクラ）全員が同一の誤った回答をすると、その回答に引きずられて誤った回答をするという現象が生じた。集団において、その成員をさまざまな一致に向かわせようとする現象を集団斉一性の原理という。

A043 □□□
ミルグラム
(Milgram, S.)

この実験から、人は状況によっては反道徳的な行動もとりうることを示した。ジンバルドー（Zimbardo, P. G.）もまたスタンフォード監獄実験から、人は与えられた役割に沿って行動するうちに非人道的な行為もいとわなくなる可能性を示唆した。

A044 □□□
没個性化

この状況だと自己規制力が低下し、反社会的な行動が起きやすくなる。例としてサッカーのフーリガンや集団リンチなどが挙げられる。

A045 □□□
A：正当
B：参照
　（準拠）

社会的勢力とは他者（被影響者）の行動や態度などを変容させる能力のことである。フレンチとレイヴンは社会的勢力の基盤を、①被影響者に報酬を与えることができる賞（報酬）勢力、②被影響者に罰を与えることができる罰（強制）勢力、③影響者が専門的な知識や技術を持つ専門勢力、④文化的・社会的な規範や権利により影響を与える正当勢力、⑤影響者への理想的同一視による参照（準拠）勢力の5つに分類した。

A046 □□□
A：a
B：d

集団凝集性とは、その集団のまとまりの良さや、集団成員としての動機づけの高さの総体のことである。集団凝集性が高いほど集団極性化や同調は起こりやすくなる。また、集団討議において個人の議題への関与が低いほど、集団極性化や同調の傾向は高くなる。少数派は一貫した態度をとることで影響力が高くなりうる。

4 社会・感情・性格

Q047 以下で示されるような、ジャクソン（Jackson, J. M.）の提唱した集団規範を量的に測定するモデルは何というか。

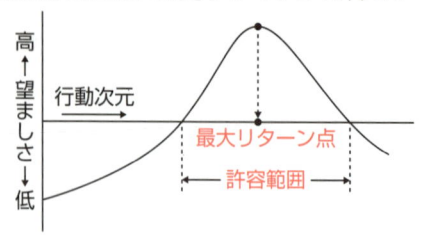

（図：縦軸「高↑望ましさ↓低」行動次元、最大リターン点、許容範囲）

Q048 以下のAとBの説得技法の名称は何か。
A：先に小さな要請に対して承諾をさせ、その後に大きな要請を行う。
B：先に大きな要請をしてわざと拒絶させ、その後に目的とする比較的小さな要請をする。

Q049 一般に、説得者の信憑性が高いと説得力は高くなるが、説得メッセージを受け取ってから時間が経過すると説得者の信憑性による説得力の差は小さくなる。この現象を何というか。

Q050 説得メッセージの受け手の情報処理の動機づけと能力によって、説得メッセージの情報処理過程が異なることを示した、ペティとカシオッポ（Petty, R. E. & Cacioppo, J. T.）の提唱した理論は何か。

Q051 以下の空欄A・Bに当てはまる語句は何か。
リーダーシップ理論の代表的なものに、三隅二不二のPM理論とフィードラー（Fiedler, F. E.）の（　A　）がある。PM理論ではリーダーシップの機能として目標達成機能（P）と（　B　）機能（M）を挙げている。（　A　）では集団の状況に応じて効果的なリーダーシップの形が異なることを示している。

A047 □□□
リターン・ポテンシャル・モデル

行動次元を横軸に取り、望ましさの評価を縦軸に取ったグラフにより、その集団の許容される行動の範囲と最適点を導くことができる。

A048 □□□
A：フット・イン・ザ・ドア・テクニック
B：ドア・イン・ザ・フェイス・テクニック

それぞれ「段階的要請法」「譲歩的要請法」ともいう。フット・イン・ザ・ドア・テクニックは一貫した行動をとりたい欲求を利用した技法であり、ドア・イン・ザ・フェイス・テクニックは、譲歩の互酬性を利用した技法といえる。そのほかにローボール・テクニック（承諾先取り法）といった説得技法もある。

A049 □□□
スリーパー効果

信憑性は専門性と信頼性の2つからなる。信憑性の効果が時間経過によって弱くなるのは、説得内容と送り手の記憶が徐々に分離するためである（手がかり分離仮説）。

A050 □□□
精緻化見込みモデル

説得メッセージの受け手の情報処理の動機づけや能力が高い場合は、メッセージ内容を熟慮して判断が行われる（中心ルート）が、情報処理の動機づけや能力が低い場合は、熟慮せずにメッセージの内容以外の情報から判断が行われる（周辺ルート）。

A051 □□□
A：条件（状況）即応モデル
B：集団維持

どちらも目標達成（課題志向）型の機能と、集団維持（人間関係志向）型の機能を扱ったリーダーシップ理論である。条件即応モデルでは、低LPC（課題志向）型は集団を完全に統制した状況もしくはまったく統制できていない状況で効果的であり、高LPC（人間関係志向）型は中程度の状況で効果的だとしている。

4 社会・感情・性格

Q052 説得者の意図した方向とは逆に被説得者の態度が変容することを何というか。

4-7 マスコミュニケーション・流言

Q053 ノエル=ノイマン（Noele-Neumann, E.）が提唱した世論形成過程の仮説で、少数派は否定や孤立を恐れるために意見の表明を抑制し、多数派の意見ばかりが表明されていく過程を何というか。

Q054 マスメディアがあるニュースを繰り返し報道することで、視聴者がそのニュースで取り上げている現象や問題を重要だととらえるようになることを何というか。

Q055 自分自身はマスコミュニケーションの影響をそれほど受けていないが、世間一般の他者はマスコミュニケーションの影響を受けているととらえる傾向を何というか。

Q056 マスメディアが社会的問題をどのような枠組みで扱うかによって、視聴者のとらえ方や態度形成に異なる影響をもたらす現象を何というか。

Q057 選挙の事前報道の際に優勢と報じられた候補者へさらに票が集まったり、逆に苦戦と報じられた候補者へ同情票や激励票が集まったりと、報道がその対象に影響を与えてしまうことを何というか。

Q058 著書『デマの心理学』で流言現象を個人間情報伝達としてとらえ、また、流言の流布量を内容の重要度と内容の曖昧さの積として定式化した米国の心理学者は誰か。

| A052 □□□
ブーメラン効果 | 高圧的な説得を受けると、被説得者は自由が侵害されたと感じ、反発したり態度を硬化させたりする傾向がある（心理的リアクタンス）。 |

▶▶ 4-7 マスコミュニケーション・流言　解説

A053 □□□ 沈黙の螺旋現象 （世論形成の公共化モデル）	多数派への同調行動が生じるために、多数派の意見ばかりが強調されていくと考えられる。
A054 □□□ 議題設定効果	人々にとって重要であるから繰り返し報道するのではなく、逆に繰り返し報道するから重要だと認識してしまう現象である。
A055 □□□ 第三者効果	デイヴィソン（Davison, W. P.）が提唱した理論である。マスコミュニケーションの自分への影響は過小視し、他者への影響は過大視する傾向がある。
A056 □□□ フレーミング効果	問題を個別具体的な事例によって描くエピソード型フレームと、問題を一般的で抽象的な文脈で描くテーマ型フレームの分類や、政治報道の争点型フレームと戦略型フレームの分類などがある。
A057 □□□ アナウンス効果	優勢と報じられた候補者にさらなる票が集まるような現象をバンドワゴン効果（勝ち馬効果）と呼び、苦戦と報じられた候補者へ同情票や激励票が集まることをアンダードッグ効果（負け犬効果）と呼ぶ。
A058 □□□ オールポート （Allport, G. W.）	オールポートはパーソナリティ心理学の分野でも活躍しており、特性論の立場から個人のパーソナリティ構造を分析している。なお、兄（Allport, F. H.）も社会心理学者である。

4 社会・感情・性格

4-8 感情の生起過程

Q059 感情は動物の生存にとって必要であったために、進化の過程を経て持続し洗練されてきたと考えた19世紀のイギリスの自然科学者は誰か。

Q060 「悲しいから泣くのではなく、泣くから悲しい」といった言葉で示されるように、環境に対する身体的な反応が感情を引き起こす原因であると主張する説を何というか。

Q061 視床と大脳皮質の信号のやり取りにより感情体験が生じ、また同時に視床下部から末梢身体にも情報が送られ身体的な反応が引き起こされるとした、感情発生メカニズムの理論を何というか。

Q062 感情は、自律神経系の活性化による生理的覚醒と、その状況をもとに生理的覚醒の原因や理由の解釈（ラベリング）によって決定されるとした、シャクターとシンガー（Schachter, S. & Singer, J.）による感情発生メカニズムの理論を何というか。

Q063 感情の認知理論の立場をとるアーノルド（Arnold, M. B.）の理論において、感情生起過程で対象への接近-回避行動の決定の前に生じる過程は何か。

Q064 以下の空欄に当てはまる語句は何か。
単純接触効果を提唱した（　　）は、認知と感情は独立した体系であり認知過程を経なくても感情を生み出すことができると主張して、感情の認知理論を批判し、ラザルス（Lazarus, R. S.）と論争を広げた。

4-8 感情の生起過程　解説

A059
ダーウィン
(Darwin, C. R.)

ダーウィンは人間の表情と動物の表情の間の共通性を明らかにし、それらの表情は進化の過程で発達・適応化していったと仮定した。

A060
ジェームズ=ランゲ説
（感情の末梢説）

ジェームズは、刺激が大脳皮質で知覚されると、内臓や骨格筋などに変化が生じ、その身体的反応が脳に伝えられて、それを知覚することで感情が発生すると主張した。同時期にランゲ（Lange, C. G.）は血管反応と血液循環の変化に着目し、ジェームズと同様の説を提唱した。この2人の説をまとめてジェームズ=ランゲ説と呼ぶ。

A061
キャノン=バード説
（感情の中枢説）

キャノン（Cannon, W. B.）は共同研究者のバード（Bard, P.）とともに実験的研究を実施し、情動経験と感情経験それぞれの発生メカニズムについて検討して、ジェームズ=ランゲ説を批判した説を提唱した。

A062
感情の2要因理論

シャクターらの実験では、実験参加者にアドレナリンを注射して生理的覚醒を高め、快感情を喚起するような状況を観察させると快感情が生じ、不快感情を喚起するような状況だと不快感情が生じていた。

A063
評価

アーノルドは感情生起過程において、まず対象の評価（good-bad）が行われ、それに基づいて生じる接近-回避の行動傾向が感情だとしている。

A064
ザイアンス

ザイアンスは感情生起過程において認知的評価を必要としていないと主張した。一方でラザルスは不快感情生起において、まず刺激が有害か有用かを評価（一次的評価）し、その刺激の対処可能性を評価（二次的評価）する過程を経ると論じた。

4 社会・感情・性格

Q065 一般的に、感情が生起するとそれに応じて表情が変化するが、その一方で、表情を変化させるとそれに応じて感情もまた変化しうるという仮説を何というか。

Q066 ダマシオ（Damasio, A. R.）が主張した、感情生起に伴って生じる身体的反応がフィードバックされ、前頭葉腹内側部での直観的な意思決定に影響を与えるとする仮説を何というか。

4-9 感情と身体・生理

Q067 感情と関連する生理反応を生み出す自律神経系のうち、活性化することで心拍数や呼吸数を上昇させたり瞳孔を拡大させたりする機能を持つのは、交感神経系と副交感神経系のどちらか。

Q068 トリプトファンから生合成されるモノアミンで、不足すると抑うつ状態や怒り感情を引き起こす原因となりうる神経伝達物質は何か。

Q069 以下の空欄に当てはまる語句は何か。
（　　）はアドレナリンやノルアドレナリンの前駆体でもある神経伝達物質である。（　　）の分泌は幸福感などの快感情をもたらすが、分泌が過剰となると統合失調症やトゥレット症の病因となりうる。

Q070 大脳辺縁系の中で特に強く視床と結合を持ち、恐怖感情などの感情活動に大きく関与しているとされる部位で、右図のAで示した部位は何というか。

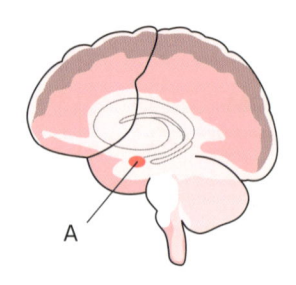

A065 □□□
表情（顔面）フィードバック仮説

顔面の筋肉の活動が中枢に影響を与えるという説である。身体的反応の情報が脳に伝えられて感情が生起するという点で、ジェームズ=ランゲ説と類似している。

A066 □□□
ソマティック・マーカー仮説

ダマシオは、危険などに直面した時に身体に起こる反応を脳に伝える信号をソマティック・マーカーと呼んでいる。

▶▶ 4-9　感情と身体・生理　解説

A067 □□□
交感神経系

自律神経系は内臓の筋肉や分泌腺などを支配する神経系であり、体内環境のバランスを一定に保つ機能（ホメオスタシス）を担っている。休息中や睡眠中は副交感神経系が優位に働く。

A068 □□□
セロトニン

セロトニンは情動的衝動や行動的衝動の抑制に関与しており、うつ病や強迫性障害（強迫症）などの特徴としてセロトニンの低下が見られる。

A069 □□□
ドーパミン

ドーパミンは快感情を司る神経伝達物質である。ドーパミンは、主に怒り・不安・恐怖に影響を与えるノルアドレナリン（ノルエピネフリン）と、主に感情安定に影響を与えるセロトニンと合わせて、感情や記憶などの重要な機能と深く関連していることから三大神経伝達物質と呼ばれる。

A070 □□□
扁桃体（扁桃核）
へんとうたい

大脳辺縁系を構成する部位で、視床に対して交感神経系の信号を伝達している。感情や記憶の働きに重要な機能を果たしている。

4-10 感情の分類

Q071 表情研究から、表情や感情は文化依存的ではなく人類に普遍的な特徴であり、怒り・嫌悪・恐れ・幸福感・悲しみ・驚きといった6種類（近年は軽蔑も加えて7種類とした）の基本表情・感情があると提唱した心理学者は誰か。

Q072 ラッセル（Russell, J. A.）の感情円環モデルでは、感情は2次元上に配置されるとしている。その次元とは「快-不快」ともう1つは何か。

Q073 ルイス（Lewis, M.）は羞恥心や罪悪感などの感情を、一次的感情と二次的感情のどちらとしているか。

Q074 チクセントミハイ（Csikszentmihalyi, M.）が提唱した概念で、ある行為に完全に没入して、精力的に集中している包括的な感覚を得ている状態のことを何というか。

Q075 「他人の不幸は蜜の味」といった、他者の不幸や悲しみ、苦しみ、失敗に対して生じる快感情のことを何というか。

Q076 以下の空欄A・Bに当てはまる語句は何か。
乳児は3か月頃には自発的に周囲の他者に対して働きかけを行うために微笑を向ける。この微笑を（　A　）という。一方で、生後数時間から観察される、必ずしも快感情とは結びついていないとされる本能的な微笑を（　B　）という。

4-10 感情の分類 解説

A071
エクマン
(Ekman, P.)

エクマンは顔面筋から客観的に表情を分類するためのシステム（FACS；Facial Action Coding System）を考案している。またエクマンは、基本的感情と表情の関連は普遍的であっても、どのような場面でどのような表情をするかは集団によって異なるとした神経文化説を提唱した。

A072
覚醒-睡眠
（活性-不活性）

ラッセルは下図のように2次元上に感情の分類を示した。

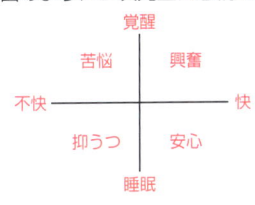

```
            覚醒
     苦悩         興奮
不快 ─────────── 快
     抑うつ       安心
            睡眠
```

図4.2 感情の分類

A073
二次的感情

ルイスは喜び・恐れ・怒り・悲しみ・嫌悪・驚きなどの基本的な感情を一次的感情と呼び、自己意識や状況の認知が関与して発生する感情を二次的感情と呼んでいる。また自己意識を介在することから自己意識的感情とも呼んでいる。

A074
フロー

内発的動機づけ研究において提唱された概念である。注意が対象に向き、自分の意識と行為が融合し、自己への意識感覚が希薄になるといった特徴がある。

A075
シャーデンフロイデ

下方比較によって生じる感情である。

A076
A：社会的微笑
B：生理的微笑
**　（新生児微笑、**
**　自発的微笑）**

微笑は養育者に対して正の興味を向けさせる機能を担っており、養育者との絆を作り上げるために重要な役割を果たしていると考えられている。

4-11 怒りと攻撃

Q077 攻撃性は、自己破壊衝動である死の欲動（タナトス）の破壊エネルギーが他者に向けられたものであるととらえた精神分析学者は誰か。

Q078 ダラードら（Dollard, J. et al.）の攻撃行動の理論は、「（　　）が生じると、それを低減させるために攻撃が発生する」ととらえている。空欄に当てはまる語句は何か。

Q079 攻撃行動は主に観察学習により社会的に学習された行動であるととらえたカナダの心理学者は誰か。

Q080 攻撃行動の過程を、個人差要因と状況要因が内的状況（認知・感情・覚醒）に影響を及ぼし評価に基づいて衝動的攻撃や戦略的攻撃の実行に至るとした、アンダーソンとブッシュマン（Anderson, C. A. & Bushman, B. J.）の理論は何か。

4-12 感情と学習・記憶

Q081 ポジティブな感情のときにはポジティブな出来事を記銘・想起しやすく、ネガティブな感情のときにはネガティブな出来事を記銘・想起しやすい現象を何というか。

4-11 怒りと攻撃　解説

A077 □□□
フロイト
(Freud, S.)

フロイトの立場は内的動因説（本能説）と呼ばれる。そのほかにローレンツ（Lorenz, K.）も内的動因説の立場である。

A078 □□□
欲求不満
（フラストレーション）

ダラードらの理論はフラストレーション=攻撃仮説と呼ばれる。バーコヴィッツ（Berkowitz, L.）はダラードらの後に、欲求不満だけではなく不快感情全般が攻撃衝動を喚起するという認知的新連合理論を提唱した。

A079 □□□
バンデューラ
(Bandura, A.)

バンデューラの立場は社会的学習説と呼ばれる。

A080 □□□
一般攻撃モデル

攻撃行動を衝動的なものと戦略的なものに分類した理論には、大渕憲一の攻撃の二過程モデルもある。攻撃行動を不快な感情を発散させるための反応だとする情動発散説の立場と、攻撃行動は制御された問題解決反応だとする社会的機能説の立場の両方を反映している。

4-12 感情と学習・記憶　解説

A081 □□□
感情（気分）一致効果

図4.3はバウアー（Bower, G. H.）の実験結果である。この実験結果から、楽しい気分のときには楽しい物語を記憶しやすく、悲しい気分のときには悲しい物語を記憶しやすいことが示されている。

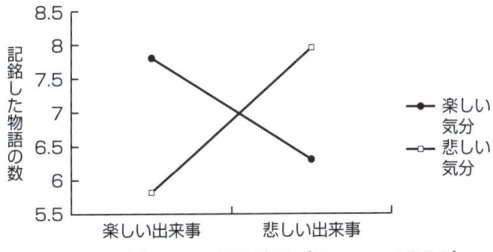

図4.3　バウアーの実験結果（Bower, 1981）

Q082 ポジティブな感情のときに覚えた出来事はポジティブなときに想起しやすく、ネガティブな感情のときに覚えた出来事はネガティブな感情のときに想起しやすい現象を何というか。

Q083 感情を強く揺さぶられるような出来事があると、その出来事が鮮明かつ詳細に記憶されることがある。このような記憶を何というか。

Q084 恐怖や嫌悪を引き起こす刺激の種類はある程度生得的に決まっている。ガルシアら（Garcia, J. et al.）の発見によりガルシア効果と呼ばれている嫌悪感情の条件づけに関する現象は、内臓感覚情報と何の知覚情報の条件づけか。

4-13　感情の障害

Q085 シフネオス（Sifneos, P. E.）の提唱した概念で、失感情症、感情言語化困難症とも呼ばれる、自身の感情への気づきや表現が困難な、心身症で見られやすい特徴を何というか。

Q086 気分障害の中の一つとされ、大うつ病エピソードと躁病エピソードの両方の特徴を持つ症状を何というか。

Q087 ある特定の考えや想像が繰り返し生じ、複数回の確認や必要以上の手洗いといった不合理な行為の反復により日常生活が困難となることを特徴とした精神障害を何というか。

Q088 強度のストレス体験により発症し、出来事のフラッシュバックや持続的な過覚醒、感覚の麻痺などの症状が1か月以上続くものを何というか。

A082 □□□ 感情（気分）状態依存効果	感情（気分）一致効果とは違い、覚える出来事の感情的性質は関係がなく、覚えたときと想起するときの感情状態の一致により記憶成績が良くなるという現象である。
A083 □□□ フラッシュバルブメモリー (閃光記憶)	心的外傷後ストレス障害（PTSD）のフラッシュバックとも関連する現象である。
A084 □□□ 味覚	ガルシアらの実験により、胃腸障害や嘔吐を引き起こす体験と未経験の味覚とは容易に条件づけが生じ、以降はその味覚物の摂取を回避することが明らかになっている。この過程を味覚嫌悪条件づけという。

▶▶ 4-13 感情の障害　解説

A085 □□□ アレキシサイミア	アレキシサイミアの特徴として、想像力や空想力が乏しい、自分の感情を上手に言語化できない、事実関係は説明できるが感情の表現が伴わない、コミュニケーションが困難で機械的な対応が多い、といった点が挙げられる。
A086 □□□ 双極性感情障害 (双極性障害)	気分障害は、気分の高揚や抑うつといった気分変化を主な症状とした精神医学的障害を総称した概念である。
A087 □□□ 強迫性障害 (強迫症)	アメリカ精神医学会によるDSMでは、かつては不安障害の中に分類されていたが、DSM-5では独立の群へと移った。
A088 □□□ （心的）外傷後ストレス障害	PTSDと略されることが多い。症状が1か月以内のものを急性ストレス障害（ASD）と呼ぶ。

4-14　パーソナリティ理論

Q089 古代ギリシア時代にヒポクラテス（Hippocrates）は、人間の身体に流れる体液の種類と混合具合によって異なる病気が発症するという説を提唱した。この説を踏まえてガレノス（Galenos）が提唱した類型論では、人間の性質をいくつに分類したか。

Q090 体格と性格との関連に着目し、「細長型」「筋肉質型（闘士型）」「肥満型」の3種の体格に類型化したドイツの精神医学者は誰か。

Q091 パーソナリティはエス（イド）、自我、超自我の3領域から構成されるとした精神構造論を提唱したオーストリアの精神分析学者は誰か。

Q092 リビドーと呼ばれる精神的エネルギーの方向性を挙げ、外向型と内向型にパーソナリティを類型化したスイスの精神科医は誰か。

Q093 ライフサイクル理論（漸成説）を提唱し、生涯発達の視点からパーソナリティの発達と適応を論じた米国の心理学者は誰か。

Q094 アイゼンク（Eysenck, H. J.）のパーソナリティ理論における2次元は、神経症傾向ともう1つは何か。

4-14 パーソナリティ理論 解説

A089
4つ

四気質説と呼ばれる。ヒポクラテスは血液、黄胆汁、黒胆汁、粘液の4種類の体液と病気の関連を提唱した。ガレノスはこの体液と気質の関連から多血質（陽気）、胆汁質（短気）、憂鬱質（消極的）、粘液質（冷静沈着）の4つの類型を提唱した。

A090
クレッチマー
(Kretschmer, E.)

クレッチマーによれば、細長型は分裂気質と呼ばれ内気で真面目な性格で、統合失調症になりやすいとされた。筋肉質型は粘着気質と呼ばれ、真面目だが融通が利かない性格で、てんかんと関連があるとされた。肥満型は循環気質と呼ばれ、社交的で明るいが気分が変化しやすく、躁うつ病になりやすいとされた。

A091
フロイト

フロイトは精神分析の立場から精神構造論を提唱した。無意識下にあるエス（イド）の快楽原理に基づく衝動と超自我の抑制を意識下の自我がコントロールすると論じた。

A092
ユング
(Jung, C. G.)

ユングは、無意識を抑圧された存在ではなく、意識に先立って存在する心の本質であると考え、集合的無意識を重視した。

A093
エリクソン
(Erikson, E. H.)

エリクソンは乳児期の信頼感の獲得から、青年期のアイデンティティの獲得、老年期の統合感の獲得に至るまでの発達と心理的危機の過程を提唱した。

A094
外向性
(内向性)

アイゼンクは図4.4のように2次元上にパーソナリティを示している。各傾向は四気質説とも対応している。

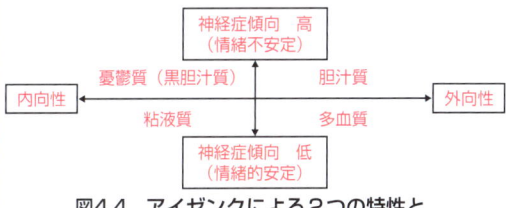

```
            神経症傾向 高
            （情緒不安定）
       憂鬱質（黒胆汁質）  │  胆汁質
  内向性 ─────────────┼───────────── 外向性
           粘液質      │   多血質
            神経症傾向 低
            （情緒的安定）
```

図4.4　アイゼンクによる2つの特性と四気質説の対応（小塩, 2010）

4 社会・感情・性格

Q095 シュプランガー（Spranger, E.）は独自の類型論を提唱し、ある認知的特徴から人間を6つに類型化している。シュプランガーが注目した特徴は何か。

Q096 次のA～Cの記述はすべてある人物のことをさしている。この人物は誰か。
A：パーソナリティの特性論を主張し、類型論を批判した。
B：辞書から約18,000語のパーソナリティや人間の行動に関する用語を抜き出し、カテゴリー化した。
C：個人の持つ性格特性の様子を図に表した心誌（サイコグラム）を作成した。

Q097 以下の空欄に当てはまる語句は何か。
マレー（Murray, H. A.）の理論では、人間の行動は（　　）によって内的に方向づけられていると考え、（　　）とそれを阻害する外的要因（圧力）との相互作用の個人差を重視した。

Q098 マズロー（Maslow, A. H.）の欲求5階層説において、最上に位置づけられている欲求は何か。

Q099 生活空間の概念から人間の行動を説明しようとし、「場の理論」を提唱したゲシュタルト学派の心理学者は誰か。

Q100 ケリー（Kelly, G. A.）の提唱した社会認知論的なパーソナリティ理論で、個人が事象をどう認識・解釈・予測するかからパーソナリティを説明した理論を何というか。

A095 価値観

シュプランガーは、価値観こそが人間の生き方を決定づけるものであり、人生の意味において重要であるとした。

シュプランガーの価値の6類型

理論型	真理の探究に価値を置く。物事を客観的に眺める。
経済型	金や財産などの実利的価値を求める。損得・効率を重視する。
権力型	人を支配することに価値を置く。権力を求める。
芸術型	美の探求に価値を置く。繊細な感情を持つ。
宗教型	宗教的活動に価値を置く。聖なるものを求める。
社会型	社会福祉に価値を置く。他者のための行為に生きがいを感じる。

A096 オールポート（Allport, G. W.）

オールポートは特性論を提唱し、個人のパーソナリティにおける優勢な特性は何かを検討している。

A097 欲求

マレーの理論は欲求-圧力理論と呼ばれている。マレーはTAT（主題統覚検査）を作成したことでも知られている。

A098 自己実現欲求

マズローは欲求階層を下層から、生理的欲求、安全欲求、所属・愛情欲求、自尊（尊重）欲求、自己実現欲求に分類している。

A099 レヴィン（Lewin, K.）

レヴィンは、集団内における個人の行動はその集団の性質や成員によって影響を受けると考え、グループ・ダイナミクス（集団力学）を提唱した。

A100 パーソナル・コンストラクト理論

ケリーは事象の認識・解釈・予測に用いる認知的構成体のことをコンストラクトと呼んだ。ケリーはこの理論をもとに、役割コンストラクト・レパートリー・テストを作成している。

Q101 相互作用論の立場と特性論や精神分析理論の立場の研究者間で生じた人間-状況論争のきっかけを作った人物で、パーソナリティ特性と行動の相関が低いことから、パーソナリティの一貫性に対して疑問を呈した心理学者は誰か。

Q102 ビッグ・ファイブ（主要性格特性5因子）に該当する因子は、開放性、外向性、調和性、神経症的傾向と、あと1つは何か。

Q103 双生児研究から得られた知見から、パーソナリティへの影響力が最も弱いと考えられるのは、遺伝要因・共有環境要因・非共有環境要因のうちどれか。

Q104 「優生学」を提唱して人間の才能の遺伝的影響を研究し、また、平均への回帰や相関係数の概念を提唱するなど、統計学にも貢献したイギリスの研究者は誰か。

4-15　パーソナリティの測定法

Q105 MMPI、P-Fスタディ、TAT、YG性格検査のうち、投影法に当たるものをすべて選べ。

Q106 交流分析理論をもとに自我状態を測定するために作成された質問紙検査は何か。

A101 □□□
ミシェル
(Mischel, W.)

ミシェルは特性論を批判し、人間-状況論争のきっかけをつくった。

A102 □□□
誠実性
(統制性、勤勉性)

ビッグ・ファイブは性格特性を主要な5因子で示しており、それぞれの因子には6つの下位次元がある。5つの因子の頭文字を取って「OCEANモデル」とも呼ばれる。

O	開放性 Openness 空想、審美性、感情、行為、アイデア、価値
C	誠実性 Conscientiousness コンピテンス、秩序、良心性、達成追求、自己鍛錬、慎重さ
E	外向性 Extraversion 温かさ、群居性、断行性、活動性、刺激希求性、良い感情
A	調和性 Agreeableness 信頼、実直さ、利他性、応諾、慎み深さ、優しさ
N	神経症的傾向 Neuroticism 不安、敵意、抑うつ、自意識、衝動性、傷つきやすさ

A103 □□□
共有環境要因

双生児研究によると、親の影響や家庭の影響といった共有環境要因はパーソナリティにほとんど影響しておらず、独自の非共有環境要因の影響力のほうが強い。

A104 □□□
ゴールトン
(Galton, F.)

『遺伝的天才』という著書を発表し、人間の才能はほとんどが遺伝によって受け継がれると主張した。

4-15 パーソナリティの測定法　解説

A105 □□□
P-Fスタディ
TAT

投影法は曖昧な刺激に対する自由な反応から個人の特徴を分析する手法である。MMPI（ミネソタ多面人格目録）とYG性格検査（矢田部ギルフォード性格検査）は質問紙法の検査であり、P-FスタディとTATは投影法検査である。

A106 □□□
エゴグラム

交流分析はバーン（Berne, E.）が開発した心理療法の体系であり、自我状態やラケット感情、人生脚本といった特徴的な概念を提出している。

4 社会・感情・性格

Q107 SCT、内田クレペリン検査、バウムテスト、ロールシャッハテストのうち、作業検査法はどれか。

Q108 EPPS、MPI、NEO-PI-R、WAIS、NEO-FFIのうち、ビッグ・ファイブを測定する検査はどれとどれか。

Q109 投影法に関するA〜Dの記述で誤っているものをすべて選べ。
A：質問紙法の検査に比べて量的な分析が行いやすい
B：実施と結果の解釈には熟練が必要である
C：検査の信頼性や妥当性の高さが保証されている
D：測定する内容が被検者に伝わりにくい

Q110 テストが一貫・安定して特定の何かを測定している程度を示す指標は、信頼性と妥当性のどちらか。

Q111 α係数（クロンバックのα）は、何の側面から信頼性を検討するために用いられるか。

Q112 関連のあるテストとの相関の高さから検討される妥当性は、内容的妥当性、基準関連妥当性、構成概念妥当性のうちどれか。

A107 □□□
内田クレペリン検査
(内田クレペリン精神作業検査)

一定時間作業を行わせ、その作業量や作業の質からパーソナリティの測定を行う検査を作業検査法という。ほかに、ベンダー・ゲシュタルト・テストもここに含まれる。

A108 □□□
NEO-PI-R
NEO-FFI

NEO-PI-RとNEO-FFIがビッグ・ファイブの検査である。EPPSはマレーの欲求理論に基づいて作成された検査である。MPI（モーズレイ性格検査）はアイゼンクのパーソナリティ特性理論に基づいて作成された検査である。WAISはウェクスラー（Wechsler, D.）による成人用知能検査であり、ほかに児童用のWISC、幼児用のWPPSIがある。

A109 □□□
A、C

投影法は質問紙法に比べて量的な分析を主としない。実施と解釈にはトレーニングが必要である。測定内容が伝わりにくいため、被検者が意図的に反応を歪めることが難しいとされている。

A110 □□□
信頼性

パーソナリティ検査の質を保証するためには信頼性と妥当性を検討する必要がある。信頼性は測定の一貫性を意味し、再検査信頼性、評定者間信頼性、内的一貫性などにより確認する。

A111 □□□
内的一貫性

α係数（クロンバックのα）は内的一貫性を示す簡便な指標である。

A112 □□□
基準関連妥当性

妥当性は測定したい概念が実際に測定できている程度を意味し、内容的妥当性、基準関連妥当性、構成概念妥当性などが問題となる。

4-16　パーソナリティと健康・適応

Q113 次のA～Dのすべてに該当するような行動パターンを何というか。
A：心筋梗塞や狭心症を発症しやすい行動パターンである。
B：時間的な切迫感を感じやすい。
C：他者との共同作業を好まない。
D：早い口調や断定的な言い方など、話し方にも特徴が見られる。

Q114 対人関係において他の人々を操作しようとする傾向で、反社会的パーソナリティの一種ともとらえられる特性を何というか。

Q115 冷淡さ、自分や他者の感情への希薄さ、利己性、無責任、計画性のなさといった特徴を持つ反社会的パーソナリティを何というか。

Q116 出来事を理解し、対処ができ、対処することは意味があるという感覚を一貫して持っている傾向を何というか。

Q117 逆境に陥ったときに、それを克服して快復（回復）できる力のことを何というか。

Q118 ストレスの高い状況でも健康を保てる人が持つ、コミットメント、コントロール、チャレンジからなる性格傾向を何というか。

Q119 行動や出来事の原因が自分にあると考えやすいか、それとも自分以外の要因によるものだと考えやすいかといった、自分の統制力の信念のことを何というか。

4-16 パーソナリティと健康・適応 解説

A113 □□□
タイプA行動パターン

タイプA行動パターンは、時間的切迫と焦燥、競争を伴う達成努力、敵意性と攻撃性を特徴とする。フリードマンとローゼンマン（Friedman, M. & Rosenman, R. H.）により、これらの行動特徴は冠状動脈性心臓疾患の発症リスクを高めると指摘された。

A114 □□□
マキャベリアニズム

イタリア・フィレンツェの政治思想家マキャベリ（Maciavelli, N.）の著書『君主論』で、目標達成のために冷淡な手段を用いることを辞さないなどの思想が説かれており、これにちなんだパーソナリティ特性である。

A115 □□□
サイコパシー（サイコパス）

フランスの精神医学者ピネル（Pinel, P.）が提案した。犯罪行為と強く関連するパーソナリティであるとされている。

A116 □□□
センス・オブ・コヒアランス

首尾一貫感覚ともいい、ストレスに対する強さを示す個人特性である。

A117 □□□
レジリエンス

精神的快復（回復）力ともいい、ストレスに対する強さを示す個人特性である。

A118 □□□
ハーディネス

頑健性ともいい、ストレスに対する強さを示す個人特性である。

A119 □□□
ローカス・オブ・コントロール（統制の所在）

自分の行動や周囲の出来事の原因を自分にあると考えやすい内的統制型と、環境や状況に原因があると考えやすい外的統制型とに区分される。

④ 社会・感情・性格　実力確認問題

適切な記述は○、適切でない記述は×で答えなさい。

□1　ジェームズは自我を「物質的自己」「精神的自己」「社会的自己」の3つの領域に分類した。　○　A001

□2　相互協調的自己観は、欧米社会よりも東アジア社会で優勢である。　○　A002

□3　リアリーのソシオメーター理論では、自尊感情は対人関係や社会集団において受容・拒否されている状況を示すために機能しているとされた。　○　A005

□4　存在脅威管理理論（恐怖管理理論）では、自尊感情の高さが恐怖や不安を軽減させる役割を果たしているととらえている。　○　A006

□5　栄光浴とは、高く評価された他者と自分自身に結びつきがあることを主張・意識することで、自己評価を上げる行為のことである。　○　A008

□6　セルフハンディキャッピングは、主張的方略の自己呈示に該当する。　×　A009

□7　認知的不協和理論を提唱したのはハイダーである。　×　A015

□8　ベムの自己知覚理論では、自分の態度や感情を推測するときに、周囲の状況など外的な要因を利用するとしている。　○　A016

□9　他者の行動を外的な要因に帰属し、自分の行動を内的な要因に帰属する傾向を、行為者-観察者バイアスという。　×　A018

□10　アッシュは印象形成について、全体印象は個々の特性の単純合算により成立するとした。　×　A021

□11　偏見や社会的差別などの否定的影響を伴いうる客観的属性のことを、スティグマという。　○　A024

□12　ブルーナーらの暗黙の性格理論では、自身の経験や価値観とは独立した、人間一般が持つ共通した信念こそが他者評価に重要な寄与をしているととらえている。　×　A026

□13　IAT（潜在的連合検査）では、概念間の連合強度を測定することで、ある事象に対する潜在的な態度を調べる。　○　A028

□14　単純接触効果は、ケリーが提唱した心理現象である。　×　A029

□15 社会的交換理論の投資モデルは主に恋愛関係を説明するものであり、現在の関係満足度、それまでの投資、代替関係の有無によって、関係への関与度が決まるとしている。 ○ ▶A030

□16 シェリフらの「泥棒洞窟実験」では上位目標を設定したところ、協力的な行動が増え、集団間の敵意が減少した。 ○ ▶A035

□17 多元的無知（多数の無知）を促進させることにより、傍観者効果を抑制することができる。 × ▶A036

□18 一般に複雑な課題ほど社会的促進が生じ、簡単な課題ほど社会的抑制が生じる。 × ▶A038

□19 集団凝集性が高く、チームワークの良い集団ほど、意思決定が極端なものにはなりにくく、逆に集団凝集性が低い集団では意思決定が極端になりやすい。 × ▶A041

□20 ミルグラムの「権威への服従実験（アイヒマン実験）」から、非人道的行為は個人要因の影響が強く、状況要因の影響は弱いことが示された。 × ▶A043

□21 フレンチとレイヴンの社会的勢力の基盤の分類において、たとえば先輩の専門的な知識や技術のために後輩への影響力が生じる場合、先輩は報酬勢力といえる。 × ▶A045

□22 少数派は一貫した態度をとることで、多数派に対する影響力が高くなりうる。 ○ ▶A046

□23 説得者の意図した方向とは逆に被説得者の態度が変容することをスリーパー効果という。 × ▶A049

□24 説得メッセージの受け手の情報処理の動機づけと能力によって、説得メッセージの情報処理過程が異なることを示した、ペティとカシオッポの提唱した理論を精緻化見込みモデルという。 ○ ▶A050

□25 多数派は否定や孤立を恐れるために意見の表明を抑制し、少数派の意見ばかりが表明されていく過程を、沈黙の螺旋現象（世論形成の公共化モデル）という。 × ▶A053

□26 「悲しいから泣くのではなく、泣くから悲しい」といった言葉で示されるように、環境に対する身体的な反応が感情を引き起こす原因であると主張する説をキャノン=バード説（感情の中枢説）という。 × ▶A060

□**27** シャクターとシンガーによる感情の2要因理論では、感情は自律神経系の活性化による生理的覚醒と、原因や理由の解釈（ラベリング）によって決定されるとした。 ○ ▶A062

□**28** ザイアンスは、感情の生起には認知的評価を必要とするとして、感情の認知理論を提唱し、ラザルスと論争を繰り広げた。 × ▶A064

□**29** セロトニンはトリプトファンから生合成される神経伝達物質で、不足すると抑うつ状態や怒り感情を引き起こす原因となりうる。 ○ ▶A068

□**30** ノルアドレナリンの分泌は幸福感などの快感情をもたらすが、分泌が過剰となると統合失調症やトゥレット症の病因となりうる。 × ▶A069

□**31** ラッセルの感情円環モデルでは感情を「覚醒-睡眠」と「快-不快」の2次元で示している。 ○ ▶A072

□**32** ルイスは喜びや恐怖などの感情を二次的感情と呼んでいる。 × ▶A073

□**33** ダラードらは、欲求不満を低減させるために攻撃が発生するとした攻撃行動の理論を提唱し、これは内的衝動説と呼ばれる。 × ▶A078

□**34** 記銘したときの感情と再生するときの感情が一致しているときは再生されやすく、不一致のときは再生されにくい現象を感情（気分）一致効果と呼ぶ。 × ▶A082

□**35** アレキシサイミアの特徴として、他者の感情を理解しにくく、他者に対する嫌悪や不満を強く感じ、怒りを他者にぶつけてしまいがちになることが挙げられる。 × ▶A085

□**36** 双極性感情障害（双極性障害）では、気分障害の中の一つとされ、大うつ病エピソードと躁病エピソードの両方の症状が見られる。 ○ ▶A086

□**37** 強迫性障害（強迫症）では、他者に対する言動が攻撃的となり、他者に対する支配的行動が増えるといった症状が見られる。 × ▶A087

□**38** クレッチマーの類型論における肥満型は、粘着気質と呼ばれ、真面目だが融通が利かない性格とされている。 × ▶A090

□**39** ユングは、パーソナリティを外向型と内向型に類型化した。 ○ ▶A092

□**40** オールポートは、パーソナリティの特性論の立場をとっている。 ○ ▶A096

□**41** マズローの欲求階層は、所属・愛情欲求を最も高い次元に位置づけている。 × ▶A098

□**42** ミシェルはパーソナリティの特性論の立場をとり、類型論の考えを批判し、人間-状況論争のきっかけを作った。 × ▶A101

□**43** ビッグ・ファイブの因子は、開放性、誠実性、外向性、調和性、神経症的傾向の5つである。 ○ ▶A102

□**44** MMPIは交流分析理論をもとに自我状態を測定するために作成された質問紙検査である。 × ▶A105

□**45** TAT（主題統覚検査）は絵画を手がかりとして物語の作成を求め、そこから主に欲求体系を測定する投影法検査である。 ○ ▶A105

□**46** MPI（モーズレイ性格検査）はアイゼンクのパーソナリティ特性理論に基づいて作成された検査である。 ○ ▶A108

□**47** NEO-PI-Rはウェクスラーによって開発された成人用知能検査である。 × ▶A108

□**48** テストが測定したいものを適切に測定できている程度を信頼性と呼び、そのテストが一貫・安定して何かを測定している程度を妥当性と呼ぶ。 × ▶A110

□**49** タイプA行動パターンは時間的切迫感を感じやすく、心筋梗塞の発症リスクが高い。 ○ ▶A113

□**50** 逆境に陥ったときに、それを克服して快復できる力のことをレジリエンスと呼ぶ。 ○ ▶A117

Column 2

心理学における用語変更の動向

　心理学にも他の学問と同じように、たくさんの専門用語が出てきます。同じことをさす呼び方が一つに定まってはいないこともあります。本書では、たとえば教育心理学における「ピグマリオン効果（教師期待効果）」のように、カッコ書きで複数の呼び方を併記して、できるだけ混乱しないようにしています。

　また、時代とともに用語が変化していくことも珍しくありません。たとえば「○○障害」という診断名は、重いイメージ、治らないイメージが持たれやすく、誤解や偏見にもつながることなどから「○○症」に変更していく方向性となっています。わかりにくいものや、語感が好ましくないものも、よりよい表現へと切り換わりつつあります。

　アメリカ精神医学会による診断基準であるDSM-5の本文改訂版であるDSM-5-TRの日本語訳に際しても、さまざまな変更が行われています。「○○障害」が併記されていたものを「○○症」に統一する流れが進んだほか、「精神病」を「精神症」に、「精神症状」を「神経精神症状」に、といった大きな表現の調整や、個々の診断名について下表に例として示すような変更が多くありました。なお、公表からまだ日が浅いこともありますので、本書では従前の表現を用いています。

DSM-5からDSM-5-TRへの改訂に伴う訳語の変更例

DSM-5日本語訳（2014）	DSM-5-TR日本語訳（2023）
選択性緘黙	場面緘黙
過食性障害	むちゃ食い症
適応障害	適応反応症
ギャンブル障害	ギャンブル行動症
境界性パーソナリティ障害	ボーダーラインパーソナリティ症
注意欠如・多動症／注意欠如・多動性障害	注意欠如多動症

　世界保健機関による疾病分類であるICD-11でも、2022年の正式発効を受けて、日本語病名等の調整が進められているところです。心理学を学ぶ際には、新しい動向に注意することを、そして一度覚えたらおしまいではなく、よりよい用語に切り換わったらついていくことを、心がけてください。

（生駒 忍）

5

臨床・障害

　カウンセリングや心理療法などの心理臨床には、さまざまな学派や流派があって、一つ一つが奥深く、特徴的な考え方を持っています。また、こころの病や障害にも、本当にいろいろなものがあります。どれも身近ではないかもしれませんが、だからこそ少しずつイメージをとらえながら、整理して覚えていきましょう。

　ほかにこの科目では、アセスメントと呼ばれる検査方法や、臨床心理学の研究や教育、医療や社会福祉援助との境界領域なども取り上げます。それぞれが、悩み、苦しむ人のこころを理解し、支えていくうえで、どのようにつながっていくのかを意識して学ぶことで、臨床心理学の実像が浮かび上がってくるものと思います。

5 臨床・障害

5-1 精神分析と精神分析療法

Q001 精神分析および精神分析療法の創始者は誰か。

Q002 心に浮かぶことを省くことなく治療者に話すという、精神分析療法において用いられる方法を何と呼ぶか。

Q003 幼児期の対人関係に由来する非現実的な感情を、被分析者が治療者に対して向けることを何というか。

Q004 精神分析療法では、連想を拒否して沈黙するなど無意識への到達を妨げるような被分析者のすべての言動を何と呼ぶか。

Q005 下図の心的装置の空欄に当てはまる語句は何か。

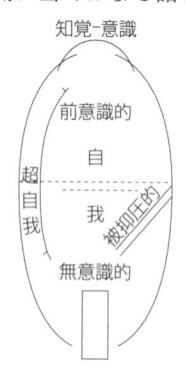

知覚-意識
前意識的
自我
超自我
被抑圧的
無意識的

Q006 主に両親のしつけを通して取り込まれた良心あるいは道徳的禁止の機能を持つ心的構造の一部を何というか。

Q007 下図は心理（精神）-性的発達の段階を示したものである。空欄に当てはまる段階は何と呼ばれるか。

□ → 肛門期 → 男根期 → 潜伏期 → 性器期

5-1 精神分析と精神分析療法　解説

A001 ☐☐☐
フロイト
(Freud, S.)

フロイトは神経組織学を専攻していたが、フランスへの留学以降ヒステリー治療に関心を持つようになり、催眠や浄化法を用いて治療を行っていた。やがて治療の成否は患者の医師に対する関係に依存することに気づき、次第に精神分析療法を確立させていった。

A002 ☐☐☐
自由連想法

精神分析療法では、たとえ不快なことであったり、とりとめのないことであったりしても、一度心に浮かんだことはすべて治療者に話すという自由連想法が用いられる。

A003 ☐☐☐
転移

転移は幼児期の体験や精神生活の反映であると考えられるため、その性質や強さなどを分析することによって被分析者の心理力動の深い理解が可能になる。なお、治療者が幼児期の対人関係に由来する感情を被分析者に向ける場合、これを逆転移という。

A004 ☐☐☐
抵抗

抵抗は、話題の回避、沈黙、行動化などさまざまな現れ方をする。精神分析療法において抵抗の分析は転移の分析とともに進展した。

A005 ☐☐☐
エス（イド）

フロイトは意識・前意識・無意識の3領域からなる心のモデル（局所論）を発展させ、自我・エス（イド）・超自我の3層構造を想定した（構造論）。エスはすべての精神的エネルギーの根源であると考えられている。

A006 ☐☐☐
超自我

特に両親のしつけという形で本能的欲求の禁止を取り入れて内在化し、自我の監視役となるのが超自我である。

A007 ☐☐☐
口唇期
（こうしん）

口唇期は生後から1歳半頃までの時期であり、乳を吸う活動を中核として心身が発達する。

5 臨床・障害

Q008 不安や葛藤などに対処し、現実に適応するために自我が働かせる、抑圧や退行などの機制を何というか。

5-2　精神分析の発展

Q009 クライン（Klein, M.）は対象との関係のあり方として2種のポジション（態勢）を提唱したが、妄想分裂ポジションともう一つは何か。

Q010 毛布やぬいぐるみなど、乳幼児が特別の愛着を寄せるようになる、主に無生物の所有物を移行対象と名づけたのは誰か。

Q011 下図は、マーラー（Mahler, M. S.）の提唱した分離-個体化過程のうち、分離-個体化期の4つの発達段階を示したものである。空欄に当てはまる時期は何と呼ばれるか。

分化期（生後5～9か月頃）　→　練習期（9～14か月頃）
→　☐（14～24か月頃）
→　個体化期（対象恒常性の萌芽期：25～36か月頃）

5-3　分析心理学

Q012 分析心理学を提唱したのは誰か。

Q013 ユングは心の構造を3層に分けて考えた。意識と個人的無意識と、あと一つは何か。

Q014 ユングの提唱した類型論では、根本的態度を内向と外向に分類しているが、主体の認識ないし見解を重視するといった特徴がある場合、内向と外向のどちらに当てはまるか。

| A008 □□□
防衛機制 | フロイトが先に示した「防衛」の概念について、娘のアンナ・フロイト（Freud, A.）が防衛機制という言葉を用いて分類、整理した。代表的なものに、抑圧、退行、反動形成、置き換え、投影、隔離、同一化などがある。 |

▶▶▶ 5-2　精神分析の発展　解説

A009 □□□ 抑うつポジション	抑うつポジションでは、良い部分と悪い部分の両面を持つ存在として対象を認識し、対象との全体的なかかわりが優位となる。
A010 □□□ ウィニコット (Winnicott, D. W.)	ウィニコットによれば、移行対象は母子未分化な状態から分化した状態への移行を促進させるものである。母親とのほどよい関係を基盤に生じると考えられている。
A011 □□□ 再接近期	マーラーは乳幼児の発達を母子の分離-個体化の過程としてとらえた。マーラーによれば、乳幼児の発達段階は、正常な自閉期、正常な共生期、分離-個体化期の3期に区分され、さらに分離-個体化期は、分化期、練習期、再接近期、個体化期（対象恒常性の萌芽期）に区分される。再接近期では、自律への衝動と母親との再結合願望との間で葛藤が生じると考えられている。

▶▶▶ 5-3　分析心理学　解説

A012 □□□ ユング (Jung, C. G.)	ユングはフロイトの後継者として国際精神分析学会の初代会長に指名されたが、やがて無意識やリビドーの考え方に異論を唱え、独自の分析心理学を確立させた。
A013 □□□ 普遍的（集合的） 無意識	普遍的（集合的）無意識は個人の心の基礎であり、その心的内容は人類に共通して認められると仮定されている。
A014 □□□ 内向	一方で、外向は、主体の要求と外界の要求を比較する際、外界の要求を重視するという特徴を持つ。

5 臨床・障害

Q015 アニマ・アニムスなどに代表される、普遍的（集合的）無意識の内容を何と呼ぶか。

Q016 分析心理学では、無意識の領域に存在する、耐えがたい不快な主観的体験を中核とした心的な複合体を何と呼ぶか。

Q017 分析心理学では、無意識を統合しつつ本来の個性に従って心理的成長を遂げていく過程を何と呼ぶか。

5-4　行動療法

Q018 行動療法は（　　）理論を基盤に置き、（　　）による行動変容を主要な手段としている。この両方の空欄に当てはまる心理学の用語は何か。

Q019 ウォルピ（Wolpe, J.）が逆制止の原理を導入して開発した技法は何か。

Q020 目標となる行動の獲得に向け、その過程をスモールステップに分けて、達成が容易なものから順に取り組む技法は何と呼ばれるか。

Q021 直接に経験しなくても、他者（モデル）の行動を観察することによって行動が身につくことを何というか。

Q022 観察学習の過程において、モデルの行動に対して与えられた報酬や罰を観察することにより、観察者の行動が間接的に強化・弱化されることを何というか。

Q023 ソーシャルスキルトレーニングにおいて、モデリングの段階で提示された行動を同じように行い、必要なスキルを身につけるよう導く練習を何と呼ぶか。

A015 □□□ 元型（げんけい）	元型にはこのほかに、ペルソナ、影、自己、太母（たいぼ）、老賢人、トリックスターなどがある。
A016 □□□ コンプレックス	ユングは、言語連想テストにおいて見られる反応の遅れや再生不能などの現象から、コンプレックスの存在を見いだした。
A017 □□□ 個性化 （個性化の過程）	ユングは、無意識を統合しつつ本来の個性に従って成長していく自己実現の過程を、個性化の過程としてとらえた。

▶▶▶ 5-4　行動療法　解説

A018 □□□ 学習	行動療法では不適応行動を、適切な行動が学習されていない結果、もしくは誤った学習の結果ととらえる。
A019 □□□ 系統的脱感作法（だつかんさ）	系統的脱感作法は、不安や緊張が生じている場面で、不安や恐怖と相いれない反応（主にリラクセーション反応）を引き起こすことにより、不安や恐怖を段階的に消去する手続きをとる。
A020 □□□ シェイピング	シェイピングはオペラント技法の一つであり、各ステップを達成した際に強化を行う手続きを繰り返すことで、最終目標となる行動を形成する。
A021 □□□ 観察学習 （モデリング）	バンデューラ（Bandura, A.）が提唱した社会的学習理論の中核に置かれたのが観察学習（モデリング）である。
A022 □□□ 代理学習 （代理強化）	代理学習に基づいた予期に従い、観察学習された行動の遂行が左右される。
A023 □□□ 行動リハーサル	ソーシャルスキルトレーニング（SST）は、主に対人関係の問題を改善・予防するために、必要なスキルを学習することである。必要なスキルを身につけて適切な行動をとる練習のことを、行動リハーサルと呼ぶ。

5-5 認知行動療法

Q024 認知療法の創始者は誰か。

Q025 認知療法において、ある状況下で瞬間的に生じる考えやイメージを何と呼ぶか。

Q026 ABC理論を基礎理論とする心理療法は何か。

Q027 下図はABC理論を示したものである。Bの空欄に当てはまる語句は何か。

A：出来事　→　B：☐　→　C：結果

Q028 クライエントが自分自身に適切な教示を与えることによって、適応的な行動を身につけることをねらった認知行動療法の治療技法は何か。

5-6 クライエント中心療法

Q029 クライエント中心療法の創始者は誰か。

5-5 認知行動療法　解説

A024　□□□
ベック
(Beck, A. T.)

ベックは認知のあり方が精神状態と関連していることを見いだし、非適応的な認知を修正することによって、症状軽減や問題解決を図る認知療法を提唱した。

A025　□□□
自動思考

認知療法では、認知の歪みは自動思考とスキーマという2つのレベルに現れると考える。自動思考は比較的意識の表層にあるため、注意を向ければ意識化できる。一方、スキーマは自動思考の背景に存在する心的態度や心的規則などであり、対人関係様式や行動・思考のパターンに現れると考えられている。

A026　□□□
論理療法

論理療法はエリス（Ellis, A.）によって創始された心理療法であり、論理情動療法、論理情動行動療法、合理情動療法、REBTとも表現される。

A027　□□□
信念

ABC理論では、出来事（A）が情動的・行動的結果（C）である反応を直接引き出すのではなく、出来事をどう受け止めるかという信念（B）から反応が引き出されると考える。論理療法では、問題や悩みに関連する非合理的な信念（イラショナルビリーフ）を見つけ出し、合理的な信念（ラショナルビリーフ）に修正することで解決を図る。

A028　□□□
自己教示訓練

自己教示訓練は、マイケンバウム（Meichenbaum, D.）によって体系化された、言葉の持つ行動調節の機能に着目した治療技法である。

5-6 クライエント中心療法　解説

A029　□□□
ロジャーズ
(Rogers, C. R.)

ロジャーズは新しい心理療法として非指示的心理療法を創始したが、非指示的な技法として語られるようになり、その修正として、カウンセラーの態度を中核に据えたクライエント中心療法という名称を用いた。

5 臨床・障害

Q030 クライエント中心療法の原理を、教育と学習、集団のリーダーシップ、人種的対立の問題などへ応用していく中で、ロジャーズは自身のアプローチを何と呼んだか。

Q031 ロジャーズが論文「治療的人格変化の必要十分条件」の中で示した、セラピストの態度に関する3条件は何か。

Q032 自己構造と経験が一致しているなど、有機体としての人間が最高に実現された状態をロジャーズは何と呼んでいるか。

5-7 人間性心理学

Q033 下図はマズロー（Maslow, A. H.）の欲求階層説を示したものである。空欄に当てはまる語句は何か。

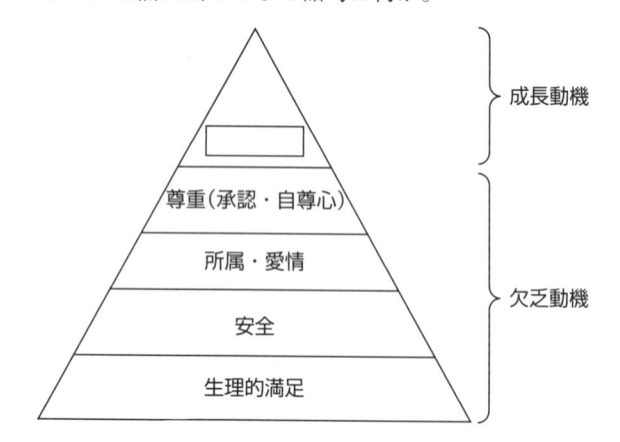

（ピラミッド図：上から）
- □（成長動機）
- 尊重（承認・自尊心）
- 所属・愛情
- 安全
- 生理的満足

（下の4層は欠乏動機）

Q034 パールズ（Perls, F. S.）が提唱した心理療法は何か。

Q035 エンカウンターグループにおいて、メンバーの表現を促進させる役割を持つ者は何と呼ばれるか。

Q036 フォーカシングを開発したのは誰か。

A030
パーソン中心アプローチ
(パーソンセンタードアプローチ)

クライエント中心療法、エンカウンターグループ、社会問題への取組みなどの総称として、パーソン中心アプローチ（パーソンセンタードアプローチ）と称される。

A031
一致・無条件の肯定的関心・共感的理解

一致・無条件の肯定的関心・共感的理解はまとめて中核条件とも表現される。一致は純粋性、無条件の肯定的関心は無条件の肯定的配慮、共感的理解は感情移入的理解などとも呼ばれる。

A032
十分に機能する人間

十分に機能する人間はセラピーの目標ともされ、自分の体験に開かれている、自己構造と経験が一致しているなどの特徴を有している。

5-7 人間性心理学 解説

A033
自己実現

マズローによれば、人間の欲求には階層があり、生理的欲求や安全欲求、所属・愛情欲求、尊重欲求が満たされると、自己実現へと向かう成長動機が生じる。生理的欲求、安全欲求、所属・愛情欲求、尊重欲求は欠乏動機、自己実現欲求は成長動機といわれる。

A034
ゲシュタルト療法

ゲシュタルト療法は、「今・ここ」での気づきを重視し、統合を志向する人格への変容を目的としている。ホット・シート、夢のワーク、エンプティ・チェアなどの技法がある。

A035
ファシリテーター

ファシリテーターは、グループメンバーの心理的安全を保証し、メンバー自身の感情や思考の表現を通じて、メンバー間の相互作用を促進させるなどの役割を担う。

A036
ジェンドリン
(Gendlin, E. T.)

ジェンドリンは体験過程の概念を提唱し、体験過程に直接触れるための方法として、フォーカシングを開発した。

5 臨床・障害

Q037 下図はフォーカシングの6段階の流れを示したものである。空欄に当てはまる語句は何か。

空間を作る → □ → ハンドル（見出しをつける）
→ 共鳴させる → 尋ねる → 受け取る

5-8 催眠と自律訓練法

Q038 催眠暗示への反応のしやすさは何と呼ばれるか。

Q039 自律訓練法の創始者は誰か。

Q040 自律訓練法を練習する際に重視される、公式と関連した身体部位への特殊な注意の向け方は何と呼ばれるか。

Q041 下表は自律訓練法の標準練習を示している。空欄に当てはまる語句は何か。

背景公式	安静練習
第1公式	四肢重感練習
第2公式	（　　　　　）
第3公式	心臓調整練習
第4公式	呼吸調整練習
第5公式	腹部温感練習
第6公式	額部涼感練習

5-9 表現療法と心理アセスメント（投影法）

Q042 モレノ（Moreno, J. L.）によって考案された、個人の自発性を刺激して創造性を引き出すことを重視した心理療法は何か。

A037 ☐☐☐
フェルトセンス

フェルトセンスとは、ある事柄や状況などを想像した際の、すぐには言葉にならないような不明確な意味を含んだ身体の感覚をさす。フェルトセンスは志向性を持つ。

▶▶ 5-8　催眠と自律訓練法　解説

A038 ☐☐☐
催眠感受性

催眠感受性は被催眠性とも表現される。運動や動作に関する暗示への反応は、催眠感受性が低くても比較的生じやすいが、知覚や認知にかかわる暗示への反応は、催眠感受性が高くなければ生じにくいといわれる。

A039 ☐☐☐
シュルツ
(Schultz, J. H.)

シュルツは、催眠下では共通して身体の重たい感じや温かい感じが体験されることに気づき、これらの感覚を自己暗示によって生じさせるための練習法として、自律訓練法を作り上げた。

A040 ☐☐☐
受動的注意集中

言語公式に関連した身体部位へ注意を向けるときに、変化を起こそうと能動的に注意を向けるのではなく、感覚の変化を自然に待つようなさりげない注意集中のあり方を受動的注意集中という。受動的注意集中は、自律訓練法の習得において重要な鍵となる。

A041 ☐☐☐
四肢温感練習

自律訓練法の中心となる標準練習は、リラクセーションが進行する際に生じる、心理・生理的変化の自然な流れに従って段階的に構成されている。自律訓練法は、一定の言語公式を繰り返し練習し、段階的に積み上げていくことで習得していく。

▶▶ 5-9　表現療法と心理アセスメント（投影法）　解説

A042 ☐☐☐
心理劇
（サイコドラマ）

心理劇（サイコドラマ）はモレノによって考案された、即興劇の形式を用いた集団心理療法である。モレノは創造性を重視し、心理劇は個人の自発性を刺激して創造性を引き出すための有効な手段であると考えた。

5 臨床・障害

Q043 ローウェンフェルド（Lowenfeld, M.）によって創始された、箱庭療法の元となった技法は何か。

Q044 性格検査はその理論的背景によって3つに大別される。質問紙法と残りの2つは何か。

Q045 ロールシャッハテスト、モーズレイ性格検査（MPI）、絵画統覚検査（TAT）、風景構成法のうち、投影法に分類されないものはどれか。

Q046 コッホ（Koch, K.）が考案した、投影法に分類される性格検査は何か。

5-10 心理アセスメント（質問紙法・作業検査法）

Q047 ハサウェイとマッキンレイ（Hathaway, S. R. & McKinley, J. C.）によって完成された、550項目から構成される性格検査は何か。

Q048 顕在性不安尺度（MAS）、P-Fスタディ、文章完成テスト（SCT）、HTPテストのうち、質問紙法に分類される検査はどれか。

A043 □□□
世界技法

ローウェンフェルドは、子どものための心理療法として、準備されたミニチュアを用いて、自分の世界を箱の中に表現していく世界技法を考案した。カルフ（Kalff, D.）はこれを、ユングの理論をベースとして箱庭療法に発展させ、適用範囲を成人にも拡大させた。

A044 □□□
投影法
作業検査法

性格検査は、①質問紙法、②投影法、③作業検査法に分類される。このうち投影法は、特定の反応を引き出すことのないような曖昧な刺激を提示し、その刺激に対する反応からパーソナリティを推測するという手続きをとる。

A045 □□□
モーズレイ性格検査

ロールシャッハテストは、インクブロットを刺激素材として、何に見えるかを連想する手続きをとる、ロールシャッハ（Rorschach, H.）によって考案された検査である。絵画統覚検査（主題統覚検査）は、場面設定の曖昧な絵を見てつくる空想物語の内容から、パーソナリティをとらえる。マレー（Murray, H. A.）によって開発された。風景構成法は、画用紙に遠景から順に風景を描いていく、心理療法と投影法検査との両方の側面を持つ技法である。

A046 □□□
バウムテスト

バウムテストでは、（実のなる）樹木を一本描く描画課題が用いられる。さまざまな指標を用いて描画を解釈し、パーソナリティを推測するという手続きをとる。

5-10 心理アセスメント（質問紙法・作業検査法）　解説

A047 □□□
ミネソタ多面人格目録
（MMPI）

ミネソタ多面人格目録（MMPI）は質問紙法に分類される検査で、心気症、抑うつ、ヒステリーなどの各傾向を測定する臨床尺度のほかに、妥当性尺度や追加尺度（特殊尺度）がある。

A048 □□□
顕在性不安尺度
（MAS）

テイラー（Taylor, J. A.）が不安の測定を目的として、MMPIの中から抽出した50項目をもとに作成した尺度が、顕在性不安尺度である。P-Fスタディ、文章完成テスト、HTPテストは、いずれも投影法に分類される。

Q049 モーズレイ性格検査（MPI）を作成したのは誰か。

Q050 クレペリン（Kraepelin, E.）によって発案された連続加算法を、内田勇三郎が心理検査として発展させた性格検査は何か。

5-11 知能検査と心理検査の妥当性・信頼性

Q051 ビネーとシモン（Binet, A. & Simon, T.）によって開発された知能検査が、ターマン（Terman, L. M.）によってスタンフォード・ビネー検査へと改良された際に導入された、知能指数の算出式を次に示した。空欄に当てはまる語句は何か。

知能指数（IQ） = $\dfrac{\boxed{}（MA）}{生活年齢（CA）}$ × 100

Q052 年齢段階に応じたウェクスラー式知能検査には、成人用の（ A ）、児童用の（ B ）、幼児用の（ C ）がある。空欄A～Cに当てはまる略称は何か。

Q053 ウェクスラー式知能検査で採用されている知能指数は、比率IQに対して何と称されるか。

Q054 測定しようとしている心理的特性に対して、用意された項目が十分であるか、内容は適切であるか、内容や範囲に偏りがないかなど、複数の専門家の主観的判断を通して評価される妥当性は何と呼ばれるか。

Q055 同一の対象者に対して、時間をおいて同一の質問項目群を2回実施し、1回目と2回目の得点の相関係数から信頼性係数（信頼性の高さを表す係数）を推定する方法は何と呼ばれるか。

A049 □□□
アイゼンク
(Eysenck, H. J.)

モーズレイ性格検査は、外向性-内向性（E尺度）と神経症傾向（N尺度）との2次元を用いて測定する。モーズレイとはアイゼンクが所属していた病院の名称である。

A050 □□□
内田クレペリン精神作業検査

内田クレペリン精神作業検査は、一列に並んだ数値を連続で加算する作業課題を用い、作業速度の変動の様子から個人の性格特性を理解しようとする。作業検査法に分類される代表的な検査である。

▶▶ 5-11 知能検査と心理検査の妥当性・信頼性　解説

A051 □□□
精神年齢

ターマンは精神年齢と、実際の年齢である生活年齢（暦年齢）との比率により、知能指数として結果を表示する改訂を行った。ビネーとシモンが開発した知能検査と、その基本的な考え方と方式を踏襲して作られた知能検査を総称して、ビネー式知能検査と呼ぶ。

A052 □□□
A：WAIS
B：WISC
C：WPPSI

ウェクスラー（Wechsler, D.）によって考案された知能検査である。WAISはWechsler Adult Intelligence Scaleの略称であり、同様にWISCはWechsler Intelligence Scale for Children、WPPSIはWechsler Preschool and Primary Scale of Intelligenceの略称である。

A053 □□□
偏差知能指数
（偏差IQ）

偏差知能指数は、知能水準を同一年齢集団の平均値からのずれ（偏差）で表そうとするものであり、どの年齢集団においても平均が100、標準偏差が15となる。

A054 □□□
内容的妥当性

心理検査や尺度の妥当性には、ほかに構成概念妥当性や基準関連妥当性などがある。

A055 □□□
再検査法

心理検査や尺度の信頼性係数を推定する方法は、ほかに平行検査法、折半法、内的整合性に基づく方法などがある。

5-12 面接法と操作的診断基準

Q056 面接法は、質問内容や手続きなどの構造化の程度や、被面接者の語る自由度によって、3つに分類される。そのうち、主な質問内容や手続きは決まっているが、話の流れに応じて質問を追加したり変更したりする面接法は、何と呼ばれるか。

Q057 心理臨床のインテーク面接で行われる、目標や進め方、費用などに関する合意を何と呼ぶか。

Q058 国際疾病分類（ICD）の改訂を行っている機関はどこか。

Q059 アメリカ精神医学会が作成した精神疾患の診断基準の、アルファベット3文字での略称は何か。

5-13 統合失調症と躁うつ病

Q060 クレペリン（Kraepelin, E.）が早発性痴呆という名称を用いたことで知られる、精神疾患は何か。

Q061 統合失調症を特徴づける症状を整理し、一級症状と呼んだドイツの精神医学者は誰か。

5-12 面接法と操作的診断基準　解説

A056
半構造化面接

半構造化面接のほかに、あらかじめ設定された質問内容と質問順序に従って行う構造化面接、自由回答形式の質問のみ用意されている、あるいは決められた質問項目を用意せずに進める非構造化面接がある。

A057
治療契約

治療契約は、治療構造を規定するうえでも、インフォームド・コンセントの面でも重要である。

A058
世界保健機関（WHO）

以前、国際死因分類とされていたものを国際疾病分類としてWHOが所管し、改訂を重ねている。ICDはInternational Classification of Diseasesの略称である。

A059
DSM

DSM（Diagnostic and Statistical Manual of Mental Disorders）はアメリカ精神医学会（APA）が提示した精神疾患の診断・統計マニュアルである。ICDと並び、精神疾患の操作的診断基準として、現在広く用いられている。なお、アメリカ心理学会もAPAと略記されるので注意。

5-13 統合失調症と躁うつ病　解説

A060
統合失調症

19世紀終わり頃、クレペリンが現在の統合失調症に相当する早発性痴呆という疾病概念を示し、後にブロイラー（Bleuler, E.）がSchizophrenieという名称を用いた。従来Schizophrenieには精神分裂病という訳語が使われていたが、現在は統合失調症に名称統一されている。

A061
シュナイダー（Schneider, K.）

一級症状には、考想化声、思考奪取、させられ体験などを含めた。また、精神病質者の類型化も行った。

Q062 妄想、幻覚、むちゃ食い、陰性症状のうち、DSM-5における統合失調症の診断基準に含まれていないものはどれか。

Q063 躁うつ病は、DSM-ⅣおよびICD-10では気分障害に位置づけられてきたが、DSM-5では独立した2つのカテゴリーになっている。双極性障害群ともう一つは何か。

Q064 不眠または過眠や、死についての反復思考が診断基準に含まれるのは、うつ病エピソードと躁病エピソードとのどちらであるか。

5-14 解離とPTSD

Q065 かつて神経症の一種とされていた、解離症状や転換症状を来す疾患の、子宮を意味するギリシャ語からの命名による呼び方は何か。

Q066 精神医学における解離と抑圧との違いを説明するために、水平の壁・垂直の壁という表現が用いられることがあるが、解離をさす表現はどちらであるか。

Q067 解離性健忘のうち、その影響範囲が最も広範な状態で、自分のこれまでの人生すべてが思い出せなくなっている場合を何と呼ぶか。

Q068 強いストレスや過労、幻覚剤の使用などによって起こる、自分が自分でなくなる、自分が抜け出してしまっているなどといった不快な感じを何と呼ぶか。

A062 ☐☐☐
むちゃ食い

DSM-5の統合失調症の診断基準は、①妄想、②幻覚、③まとまりのない発語、④ひどくまとまりのない、または緊張病性の行動、⑤陰性症状、のうち2つ以上が1か月間ほとんど存在し、仕事、対人関係、自己管理は病前の水準から著しく低下し、障害の持続的な徴候が少なくとも6か月間存在すること、である。

A063 ☐☐☐
抑うつ障害群

DSM-5では、躁病エピソード・軽躁病エピソード・うつ病エピソードの各基準に従い、双極Ⅰ型障害・双極Ⅱ型障害・うつ病／大うつ病性障害等が診断される。

A064 ☐☐☐
うつ病エピソード

うつ病エピソードの基準にはほかに、抑うつ気分、有意の体重減少または増加、疲労感または気力の減退、無価値感または過剰であるか不適切な罪責感、などがある。

▶▶ 5-14 解離とPTSD 解説

A065 ☐☐☐
ヒステリー

ヒステリーは、女性に多いところからの誤解からこの名前がついた。フロイトが精神分析を着想、発展させる手がかりになった疾患でもある。なお、易怒性の表れを表す俗語の「ヒステリー」とはまったく別物である。

A066 ☐☐☐
垂直の壁

抑圧は無意識という下方に押し込めておく「水平の壁」で、意識に上らない位置にとどめるが、解離では別の意識として区切られ、切り離されていると考える。

A067 ☐☐☐
全生活史健忘

解離性健忘では、出てこない記憶は消えてなくなっているとは限らず、後で戻っていることも多い。また、人生すべてにわたる全生活史健忘の場合も、獲得された言語や動作スキルは影響されにくい。

A068 ☐☐☐
離人感

他の精神疾患等に伴うものではない形でこれが続く場合を、DSM-5は離人症性障害としている。

Q069 一般には「多重人格」と呼ばれることの多い臨床上の問題に対して用いられる、DSM-5での呼称は何か。

Q070 心的外傷後ストレス障害（PTSD）という診断名を初めて採用した、1980年に発表された診断基準は何か。

Q071 第一次世界大戦に従軍した兵士に現れた、戦傷とは別に起こる心理的な不調を来す症状に、砲弾ショックという呼称を用いたイギリスの心理学者は誰か。

Q072 シャピロ（Shapiro, F.）によって考案された、対象としたいイメージや認知に眼球運動を伴わせる技法が特徴的な心理療法は何か。

5-15 不安にかかわる精神疾患

Q073 かつて不安神経症と呼ばれたものの一種で、心拍や呼吸数の増加、発汗、めまいや死の恐怖などに襲われる発作を繰り返し、また発作が起こるのではという予期不安や、そのため外出への困難を生じる疾患を、DSM-5では何と呼ぶか。

Q074 ワトソンとレイナー（Watson, J. B. & Reyner, R.）による「アルバート坊や実験」は、どのような精神疾患の形成に関する研究か。

Q075 恐怖症の治療に有効である、安全を十分に確保したうえで、病的恐怖を起こす刺激にあえて直面させる心理療法は何か。

A069 ☐☐☐
解離性同一症

誤解を招く呼称だが、同じになってしまうのではなく、同一性（アイデンティティ）に解離が起こるという意味合いでの表現である。

A070 ☐☐☐
DSM-Ⅲ

DSMはアメリカ精神医学会による診断基準である。この1980年改訂版は、操作的診断基準を採用したことで知られ、PTSDの定義もその考え方に準拠して作られた。

A071 ☐☐☐
マイヤーズ
(Myers, C. S.)

当時は、砲弾の爆発による衝撃が神経系などに悪影響を生じたものと理解されていた。後に、戦闘ストレス反応や、包括的な概念であるPTSDの考え方へつながった。

A072 ☐☐☐
EMDR
（眼球運動による
脱感作・再処理）

EMDRは、PTSDへの著効性でよく知られる。眼球運動を、一般には左右方向に行わせることが特徴的だが、標準プロトコルは8段階からなり、そのうち第4〜第6段階で眼球運動が用いられる。

▶▶▶ 5-15 不安にかかわる精神疾患　解説

A073 ☐☐☐
パニック症

かつての不安神経症は、パニック症と全般不安症とに相当する。パニック症の主要症状である特徴的な発作は、パニック発作と呼ばれる。自閉症における、こだわりに反する事態で起こるパニックとはまったく別物である。

A074 ☐☐☐
恐怖症
（限局性恐怖症）

ある11か月児を対象として、古典的条件づけの手続きによって恐怖反応を学習させ、般化も認められるとした事例研究である。

A075 ☐☐☐
フラッディング

行動療法の一種に位置づけられ、系統的脱感作法よりも早く使えるが、強力な恐怖を起こすことが明らかであり注意が必要である。ほかに、強迫症に対しても奏効する。

5 臨床・障害

Q076 強迫症の症状である強迫観念と強迫行為との関係を、下図のように表現した場合、A・Bにはそれぞれどちらが入るか。

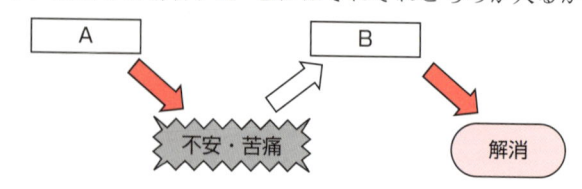

```
  [ A ]           [ B ]
    ↓↘          ↗
    不安・苦痛       解消
```

Q077 DSM-5が記述するパーソナリティ障害のうち、見捨てられるのではという不安、空虚感、自傷や自殺企図などを特徴とするものは何か。

Q078 20代後半までに問題化し、6か月以上自宅にひきこもって社会参加しない状態が続いて、他の精神障害が主たる原因とは考えにくいような状態を何と呼ぶか。

5-16　身体にかかわる精神疾患

Q079 心身症患者に見られやすい、自身の感情についての気づきや表出、内省や想像力に乏しい特徴を、シフネオス（Sifneos, P. E.）は何と呼んだか。

Q080 摂食障害の有病率には明確な性差があるが、男性と女性のどちらに多く見られるか。

Q081 DSM-5における摂食障害のうち、摂食制限型と過食・排出型とに二分されるのは、神経性やせ症と神経性過食症とのどちらか。

Q082 不眠を入眠困難、中途覚醒、早朝覚醒に分けた場合、比較的弱い睡眠薬での対応が最も行いやすいのはどれか。

A076 ☐☐☐
A：強迫観念
B：強迫行為

不合理な考えが、不合理とわかるのに繰り返し浮かび頭から離れなくなるのが**強迫観念**、それによる不安や苦痛の解消のために不合理とわかりながら行われる行動が**強迫行為**である。行動後に苦痛が解消されることで、強迫行為には**負の強化**が起こることになる。

A077 ☐☐☐
境界性パーソナリティ障害

境界という表現は、かつての力動精神医学が、**精神病**と**神経症**との境の水準だと考えたことに由来する。これは**B群**に属するパーソナリティ障害であるが、不安に特徴のあるパーソナリティ障害としては、**C群**とされる回避性、依存性、強迫性の各パーソナリティ障害もある。

A078 ☐☐☐
社会的引きこもり

これ自体は精神疾患ではなく状態像で、**不登校**や出社拒否から遷延する場合などがある。ニート（NEET）の中におおむね含まれるが同義ではなく、ニートのほうが広い概念である。

▶▶ 5-16 身体にかかわる精神疾患　解説

A079 ☐☐☐
アレキシサイミア
（失感情症）

アレキシサイミアでは、このような特徴のために、ストレスをあまり避けないまま身体に不調を来し、かつ伝統的な心理療法が効きにくいと考えられている。

A080 ☐☐☐
女性

摂食障害の男女比は**1：9**か、それ以上に女性に偏るとされる。なお、国・地域での偏りも顕著で、先進国に集中し、途上国ではまれである。

A081 ☐☐☐
神経性やせ症

排出は、自己誘発性嘔吐や下剤等の使用をさす。過食・排出型の**神経性やせ症（AN）**と神経性過食症（BN）とは見分けにくいが、前者の基準には著しい低体重や体型認知の異常が含まれる。

A082 ☐☐☐
入眠困難

入眠困難では、寝つきが悪いが、いったん眠りに入れば後は問題ないので、薬物療法はそこでだけ効けば足りる。

5 臨床・障害

217

5 臨床・障害

Q083 性別違和（性同一性障害）へ適用される、本人の性自認と一致するような方向へと身体の形状を変える手術を何と呼ぶか。

Q084 古典的なうつ病といわゆる「新型うつ病」との身体的症状の傾向を下表のように対比して表現した場合、A・Bはそれぞれどちらであるか。

	A	B
睡眠	不眠	過眠
食欲	低下	良好

Q085 病気不安症、自己臭恐怖、醜形恐怖症、抜毛症のうち、DSM-5の身体症状症および関連症群に含まれるものはどれか。

5-17　器質性精神疾患

Q086 かつて三大精神病と呼ばれていたのは、統合失調症、躁うつ病と、もう一つは何か。

Q087 認知症とせん妄とで比較した場合に、より日内変動が目立ち、夕方から夜に向けて症状が顕著になるものはどちらか。

Q088 原因疾患から見た認知症の種類のうち、最も割合が大きいとされるのは何か。

Q089 知的障害の原因を、生理的要因、病理的要因、心理・社会的要因に分けた場合、ダウン症候群はどれに当たるか。

A083 □□□
性別適合手術

性自認を基準にして、身体を適合させることからこの名がある。本人にとっての性別は術前から変わらないため、「性転換手術」という表現は不適切である。

A084 □□□
A：古典的なうつ病
B：「新型うつ病」

「新型うつ病」を疾患単位として認めるか、うつ病の一種に位置づけてよいか、どのような呼称が適切かなどには議論があるものの、近年社会問題化しつつある。「新型」では自分がうつ病であると明言し、病因は周囲にあると主張する。一方で、この表のような身体症状や、気分反応性があり楽しいことや好きなことでは一転して元気になることから、疑わしくも見られがちである。

A085 □□□
病気不安症

病気不安症は、DSM-Ⅳまでは心気症と呼ばれていた。他の3疾患はいずれも、強迫症および関連症群に属する。

5-17 器質性精神疾患　解説

A086 □□□
てんかん

てんかんは、機序が明らかになるにつれて精神病からは外されるようになった。今日では、てんかん自体はDSMにも含まれていない。

A087 □□□
せん妄

認知症は安定して進行し、本質的には戻ることがないが、せん妄は比較的急速に出現し、数日から数週間で治まり、日内変動もあるなど、安定しない。

A088 □□□
アルツハイマー型
認知症
（アルツハイマー病）

一般に、認知症のうち半数がアルツハイマー型認知症だといわれている。

A089 □□□
病理的要因

病理的要因には、ダウン症候群などを起こす染色体異常や、周産期の感染症、脳外傷、脳腫瘍やその治療などが含まれ、重い知的障害にも至りやすい。

5 臨床・障害

Q090 認知症のスクリーニングによく用いられる検査で、全11問から構成され、最後の問題が下図のような図形の模写となっているものは何か。

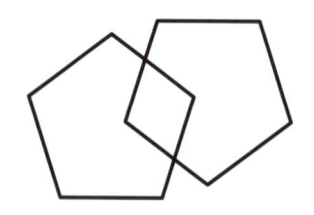

Q091 精神疾患の原因に関する外因、心因、内因の３類型のうち、長期にわたる飲酒習慣に起因するコルサコフ症候群はどれに当てはまるか。

Q092 パーキンソン病の四大症状は、筋強剛、無動、姿勢反射障害ともう一つは何か。

Q093 認知症や高次脳機能障害で見られる、現在の自分自身や置かれている状況の判断が適切に行えなくなる症状を何と呼ぶか。

5-18 子どもの問題と臨床

Q094 アクスライン（Axline, V. M.）による遊戯療法の８原則において、最後の第８原則は、必要な何を設けるとしているか。

Q095 クライエントとの間で、一方によるなぐり描きをもう一方が連想に基づいて絵にする作業を行っていく技法を何と呼ぶか。

A090 □□□
**MMSE
（ミニメンタルステート検査）**

MMSEは、時計と鉛筆があれば実施可能な簡便な検査で、世界中で用いられている。30点満点で、23点以下だと認知症の疑いありとすることが多い。日本ではほかに、全9項目からなる長谷川式認知症スケール（改訂長谷川式簡易知能評価スケール、HDS-R）もよく用いられる。

A091 □□□
外因

外因、心因、内因の3類型は、「心」を基準にして考えるので、外因はその外、脳を含む身体に原因がある場合である。心因はストレスに相当し、内因は原因が見えないのでもとから内側にあったはずだと考えたものである。

A092 □□□
安静時振戦
しんせん

意図せず起こる体の震えを振戦と呼び、動作をしたり決まった体勢をとったりした際に出るものが多いが、安静時振戦はむしろ何もしない状態で震えが起こる。パーキンソン病の初期から見られやすいとされる。

A093 □□□
**見当識障害
（失見当識）**
けんとうしき

今が何年何月か、あるいは季節や時間帯、自分の年齢、今いる場所や住所などがわからなくなる。MMSEやHDS-Rは、冒頭に見当識障害を検出する項目を含む。

▶▶ 5-18 子どもの問題と臨床　解説

A094 □□□
制限

アクスラインは、クライエント中心療法の立場から遊戯療法を発展させた。「アクスラインの8原則」にはその人間観が強くうかがえるが、第8原則のみ異質である。

A095 □□□
スクィグル法

ウィニコットが開発した。小さな子どもでも使いやすい技法ではあるが、一人で行っていくスクリブル法と同様、子どもにしか使えないわけではない。

5 臨床・障害

5 臨床・障害

Q096 他者の人権や社会規範を侵害する攻撃的で反抗的な行動パターンが、年齢相応な程度を超えたレベルで続くものを、DSM-5では何と呼ぶか。

Q097 非行のような反社会的行動に対して、選択性緘黙や引きこもり、無気力のように、自分の中に問題を抱え込み、社会とのかかわりから退く方向へ向かう行動は何と呼ばれるか。

Q098 文部科学省の調査において、小中学生の長期欠席の理由として最も多いのは、病気、経済的理由、不登校のうちのどれか。

Q099 児童虐待において、身体的な暴力のようにあってはいけないことをするのではなく、必要な養育行為を欠乏させる形をとるタイプの虐待を何と呼ぶか。

Q100 自閉症や関連するコミュニケーションの障害を抱える子どもに対しての、環境の構造化に特徴のある、米国ノースカロライナ州で体系化された支援プログラムは何か。

5-19 家族療法と短期療法

Q101 親子で来所したクライエントに、親と子とで別々の面接者をつけて、別個に進められるような面接を何と呼ぶか。

Q102 人類学者ベイトソン（Bateson, G.）が統合失調症と関連づけた、ある否定的なコミュニケーションと、それと矛盾するメタ・コミュニケーションとが重ねられて逃れられない状態を何と呼ぶか。

A096 □□□ 素行症	以前は行為障害と呼ばれていた。18歳以上で診断される反社会性パーソナリティ障害の前段階として理解されることが多い。	
A097 □□□ 非社会的行動	非行は一般に、刑罰法規に触れるかどうかにかかわらず、外に向けられた問題行動として、反社会的である。一方、葛藤が中へ向かう非社会的行動も、臨床的な支援の必要となる状態である。	
A098 □□□ 不登校	児童生徒の問題行動・不登校等生徒指導上の諸課題に関する調査によると、年間30日以上の欠席である長期欠席のうち、不登校は7割強に当たる約18万1,000人（令和元年度）となっている。	
A099 □□□ ネグレクト （育児放棄）	児童虐待を4類型でとらえる考え方では、身体的虐待、心理的虐待、性的虐待はあってはいけないことをするタイプで、ネグレクトはその逆となる。	
A100 □□□ TEACCH	TEACCHは「自閉症および関連のコミュニケーション障害のある子どもに対する治療と教育」の略で、ティーチと読む。	

▶▶▶ 5-19 家族療法と短期療法　解説

A101 □□□ 並行面接	面接自体は別個でも、面接者間でのチームワークは重要である。児童分析における母子並行面接は、アンナ・フロイトとクラインとの間での論争のテーマとなった。
A102 □□□ ダブルバインド （二重拘束）	一方にこたえるともう一方に反し、矛盾を強いられることが統合失調症を生じると解釈されたが、今日では疑問視されている。一方、ミルトン・エリクソン（Erickson, M. H.）は、このような矛盾を用いた治療的ダブルバインドの技法を考案している。

5 臨床・障害

Q103 ボーエン（Bowen, M.）が導入した、多世代派家族療法における考え方で、関係性において知性と感情との機能が距離をとれることを何と呼ぶか。

Q104 システム論に基づく家族療法で好まれる、一般の心理療法でいうクライエントに当たる家族成員をさす表現は何か。

Q105 アルコール依存、引きこもり、ドメスティックバイオレンス（DV）などにかかわるとされる、問題を抱えた相手を受け止めたりコントロールしたりする関係に、自分のよりどころとして過剰にとらわれる状態を何と呼ぶか。

Q106 交流分析における自我状態を下図のように表現した場合、右下の空欄に入るアルファベット2文字の用語は何か。

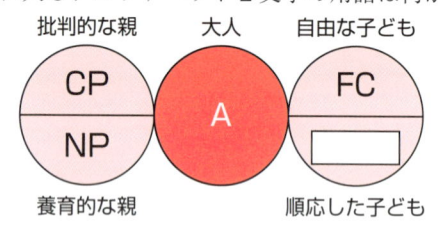

批判的な親　　大人　　自由な子ども

CP　　　　　　A　　　　FC
NP　　　　　　　　　　　□

養育的な親　　　　　　順応した子ども

Q107 独学で身につけ発展させた、自身の名をつけて呼ばれることも多い催眠技法を展開し、ブリーフセラピーの成立に大きな影響を与えた米国の心理学者は誰か。

Q108 「あなたが抱える問題がある日、すべて解決していたとしたら」のような想定から進めていく、セラピストの問い方を何と呼ぶか。

A103 □□□
自己分化

自己分化が十分でないと、自身の感情に巻き込まれた行動が起こりやすく、これが他の家族成員を巻き込んで、問題が世代間で伝播すると考えられている。

A104 □□□
IP

Identified Patientの略で、家族システム全体の病理が現れる位置にある成員であると考える。

A105 □□□
共依存

共依存は、関係性に対する依存の一種である。問題を抱えた相手に依存されて支える自分というあり方への依存ということができる。意図せずして、相手が問題を解消できず、抱え続ける方向に支えるイネイブラーとなる。

A106 □□□
AC

交流分析は、バーン（Berne, E.）が精神分析学の影響を受けて創始した心理療法である。構造分析、ゲーム分析、脚本分析などの技法を持ち、多様な切り口を提供する。構造分析では大きく3種、分けて5種の自我状態を想定し、ACは自分を周囲に合わせることを優先する、自制ができて適応性が高いが消極的な傾向を表す。

A107 □□□
エリクソン
(Erickson, M. H.)

ミルトン・エリクソンは、身体障害を抱えながらも、独特の観察力や言語感覚でコミュニケーションを扱った、エリクソン催眠で知られる。漸成的発達論を唱えた新フロイト派の精神科医エリク・エリクソン（Erikson, E. H.）とは別人である。

A108 □□□
ミラクル・クエスチョン

ミラクル（奇跡）という設定で解決のイメージへ、そして解決へと導く技法で、ブリーフセラピーの一種である解決志向アプローチ（SFA）でよく用いられる。

5-20　コミュニティ心理学

Q109 コミュニティ心理学の出発点とされる「地域精神衛生に携わる心理学者の教育に関する会議」は、開催地名からどのような通称で呼ばれるか。

Q110 近年わが国でも導入が進みつつある、社会福祉学に基づく援助を学校において行う、SSWと略される専門職は何か。

Q111 統合失調症が寛解して地域復帰した人の、再発を抑えるための援助は、一次予防、二次予防、三次予防のうちのどれに当たるか。

Q112 コンサルテーションにおいて、コンサルタントからの助言に基づいてクライエントへの援助を直接的に行う、下図のAの立ち位置を何と呼ぶか。

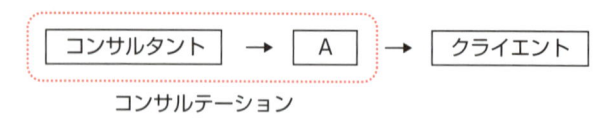

```
┌─────────────┐   ┌───┐   ┌─────────┐
│ コンサルタント │ → │ A │ → │ クライエント │
└─────────────┘   └───┘   └─────────┘
```
コンサルテーション

Q113 コミュニティ心理学がめざす方向性を、人と（　　　）との適合と表現する場合、空欄に入る語句は何か。

Q114 状況や出来事の重大な転換期であり、もはやその人が持っている対処方法では対応し切れない問題となった事態を何と呼ぶか。

Q115 家族の死など、重要な対象を失った場合に起こる、悲嘆反応の後に何段階かを経て受容へと向かう、一連の心理的過程を何と呼ぶか。

5-20 コミュニティ心理学 解説

A109 ☐☐☐
ボストン会議
1965年に米国マサチューセッツ州ボストンで開催され、ここでコミュニティ心理学という用語が正式に定義され用いられたとされる。

A110 ☐☐☐
スクールソーシャルワーカー
スクールカウンセラー（SC）が基盤とする学校心理学も福祉的な要素を含むが、スクールソーシャルワーカー（SSW）は社会福祉の専門職である。

A111 ☐☐☐
三次予防
コミュニティ心理学は、予防を重視する立場を早くからとってきた。一次予防は問題発生をあらかじめ防ぐという狭義の予防で、二次予防は早期発見・早期対処、三次予防は再発防止である。

A112 ☐☐☐
コンサルティ
コンサルテーションを行う側の、クライエントには間接的な援助を行う立ち位置がコンサルタントで、直接的な援助のためにコンサルテーションを受ける側がコンサルティである。

A113 ☐☐☐
環境
コミュニティ心理学は、当事者の内面の修正や成長を目標とする伝統的な臨床心理学とは異なり、環境に働きかけることも同様に重視することになる。

A114 ☐☐☐
危機
この危機に対するアプローチが危機介入であり、目の前の事態を乗り切るための迅速で即効的な介入が求められる。

A115 ☐☐☐
喪の作業
（悲嘆の仕事、グリーフワーク）
フロイトが提唱した概念で、精神分析学では内的な対象喪失の過程について論考が進められた。また、自己の死期や中途障害の受容、災害時の心理的ケアなどにも関連が深い。

5 臨床・障害

5-21 集団療法

Q116 集団療法の起源とされることの多い、米国の医師プラット（Platt, J. H.）による患者学級は、どのような疾患の患者を対象としたものであったか。

Q117 ソシオメトリック・テストを考案したのは誰か。

Q118 ベーシック・エンカウンターの創始者は誰か。

Q119 構成的グループ・エンカウンター（SGE）において、エクササイズの後に行う、エクササイズで感じたことや考えたことを述べ合う活動を何と呼ぶか。

Q120 米国で始まったアルコール依存症者の自助グループで、匿名参加者どうしがそれぞれの体験を語るものは何か。

Q121 音楽療法のうち、音楽を聴くことによるものが受容的音楽療法と呼ばれることに対して、歌唱や演奏によるものは何と呼ばれるか。

5-22 臨床心理学の方法

Q122 治療の効果の存在や程度を示す科学的根拠に基づいて治療方針を定める考え方を、アルファベット3文字で何と表現するか。

5-21 集団療法　解説

A116 ☐☐☐
結核

抗生物質が発見されるまで、結核は先進国でも多くの入院患者を生じる病気であった。患者学級で治るわけではないが、心理的な支援としての意味を持った。

A117 ☐☐☐
モレノ

モレノは、心理劇（サイコドラマ）の創始者でもある。集団力学をとらえる枠組みとしてのソシオメトリーに基づき、行われる手法がソシオメトリック・テストで、その結果を表に整えるとソシオマトリクス、図示するとソシオグラムとなる。

A118 ☐☐☐
ロジャーズ

ロジャーズは、クライエント中心療法の創始者でもあり、カウンセリングから集団技法へと関心を移していった。

A119 ☐☐☐
シェアリング

思いを共有（シェア）することからこう呼ぶ。SGEは、ベーシック・エンカウンターに比べて自由度が低い分、決まった時間で計画的に行え、学級場面で人気がある。

A120 ☐☐☐
アルコホーリクス・アノニマス(AA)

アノニマスは匿名という意味である。スピリチュアルなメッセージである12ステップも特徴的な活動である。一方、日本の断酒会は実名参加である。

A121 ☐☐☐
能動的音楽療法

受容的音楽療法は、受動的音楽療法とも表記される。能動的音楽療法は、集団療法として、福祉施設や入院病棟などで実施されている。

5-22 臨床心理学の方法　解説

A122 ☐☐☐
EBM

エビデンス・ベイスト・メディスンの略で、エビデンスは客観的、科学的に十分な方法で検証された効果の証拠をさす。

5 臨床・障害

Q123 エビデンスの水準を下図のように示した場合、上の3か所にはそれぞれ、システマティック・レビュー、コホート研究、ランダム化比較試験が入る。上から入る順に並べるとどのようになるか。

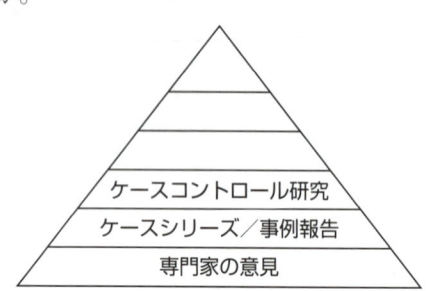

```
              △
             /  \
            /    \
           /      \
          /_____\
         /ケースコントロール研究\
        /ケースシリーズ／事例報告\
       /____専門家の意見_____\
```

Q124 ある疾患やその症状について示唆を得るために、健常者ないしは一般の人々の間の個人差として現れている、その疾患や症状と同様の特徴を持つ特性や状態を扱う研究手法を何と呼ぶか。

Q125 投影法検査において行われることのある、被検者に関する情報のない状態で検査結果のみを解釈することを何と呼ぶか。

Q126 カウンセリングの技法を具体的な要素に細分して階層化し、効果的な修得や理解に活用できるように、アイヴィ（Ivey, A. E.）によって体系化されたものは何か。

Q127 カウンセラーやセラピストがクライエントとの間に形成する、心の通い合う信頼関係を何と呼ぶか。

A123 □□□
システマティック・レビュー
ランダム化比較試験
コホート研究

コホート研究は、ある集団の中で介入を受けた場合と受けなかった場合とを追って比較するもので、介入の有無を研究者側から操作できないことが難点である。ランダム化比較試験（RCT）は、ある介入を行う群と行わない群とに対象者を無作為に分けて比較する研究手法である。その研究知見を収集して統合するのが、システマティック・レビューである。EBMにおいては、エビデンスの水準が高いものほど、その療法を採用するための強い根拠となる。

A124 □□□
アナログ研究（非臨床アナログ研究）

アナログとは、類似物、連続性のあるものという意味である。臨床群から十分なサイズの均質なデータを集めることは労力を要するが、そうでない対象者からであればはるかに研究がしやすくなる。

A125 □□□
目隠し分析

投影法検査の解釈には熟練を要するため、その訓練や、卓越した技能の披露として、目隠し分析が意味を持つ。臨床現場では、臨床家の期待や予断が解釈に影響することを防ぐ効果がある一方で、危険だと見て嫌う人も多い。

A126 □□□
マイクロカウンセリング

これはカウンセリングの一種ではなく、カウンセリングの総体をマイクロ技法へと分けることで、順次修得していきやすくしたものである。

A127 □□□
ラポール（ラポート）

どんな臨床心理学的援助の効果にも寄与する、重要な共通要因である。

5 臨床・障害

5-23 日本で生まれた心理療法

Q128 内観法（内観療法）の開発者は誰か。

Q129 森田療法の創始者は誰か。

Q130 下図は森田療法の入院治療を4期に分けて示したものである。空欄に当てはまる時期は何と呼ばれるか。

第1期：☐　→　第2期：軽作業期　→
第3期：重作業期　→　第4期：生活訓練期

Q131 成瀬悟策が開発した、身体に着目した独自の心理療法は何か。

5-23 日本で生まれた心理療法 解説

A128 吉本伊信

内観法（内観療法）には、集中内観と日常内観という2つの形態がある。「していただいたこと」「して返したこと」「迷惑をかけたこと」の3項目の問いに対して個人で内省を行う。

A129 森田正馬

森田療法では、ヒポコンドリー性基調（神経質性格）を持つ者が、注意を自身の身体的精神的変化に向けるようになり、感覚がより鋭敏になることによって、注意がさらに固着し（精神交互作用）、森田神経質と呼ばれる状態が生じると考える。

A130 絶対臥褥期

入院後最初の1週間は絶対臥褥期であり、一切の活動が禁じられる。不安への直面など自己内省を促す目的がある。以後は軽作業期、重作業期、生活訓練期を経ることによって、不安に囚われていた気分本位の状態から、目的・行動本位の状態へと変換を図ることがねらいとなる。

A131 臨床動作法（動作法）

臨床動作法は、児童の脳性麻痺による肢体不自由の改善をめざした動作訓練を発端として、成瀬悟策によって作り上げられた。動作の体験を通して、クライエントの生活体験をより望ましい方向へ変化させることを意図した心理療法である。

5 臨床・障害 実力確認問題

適切な記述は〇、適切でない記述は×で答えなさい。

□1 精神分析および精神分析療法の創始者は、フロイトである。 〇 ▶A001

□2 精神分析療法では、治療者が被分析者に対して幼児期の対人関係に由来する感情を向けることを転移という。 × ▶A003

□3 エス（イド）は、主に両親のしつけを内在化した良心および道徳的禁止の機能を持つ心的構造のことである。 × ▶A006

□4 心理（精神）-性的発達論において、肛門期は口唇期の次の発達段階に位置づけられる。 〇 ▶A007

□5 ウィニコットは、対象関係のあり方として、妄想分裂ポジションと抑うつポジションという概念を提唱した。 × ▶A009

□6 ユングは心の構造を、意識・個人的無意識・普遍的（集合的）無意識の3層に分類して考えた。 〇 ▶A013

□7 分析心理学では、ペルソナ、影などの普遍的（集合的）無意識の内容を元型という。 〇 ▶A015

□8 シェイピングとは、目標とする行動を獲得するために、学習過程をスモールステップに分け、達成が容易なものから行動を形成していく治療技法のことである。 〇 ▶A020

□9 他者（モデル）の行動を観察することによって、行動を習得することを観察学習という。 〇 ▶A021

□10 認知療法では、認知の歪みは自動思考とラショナルビリーフという2つのレベルに現れると考える。 × ▶A025

□11 社会的学習理論では、出来事をどう受け止めるかという信念から反応が引き出されると考える。 × ▶A027

□12 クライエント中心療法は、ロジャーズによって創始された。 〇 ▶A029

□13 クライエント中心療法は、初期には非指示的心理療法と呼ばれていた。 〇 ▶A029

□14 ロジャーズが「治療的人格変化の必要十分条件」の中で示した、セラピストの態度に関する3条件は、一致、無条件の肯定的関心、共感的理解である。 〇 ▶A031

□15 マズローが提唱した欲求の階層説では、自己実現の欲求は安全の欲求の次の層に位置づけられている。 × ▶A033

□16 ジェンドリンは体験過程の概念を提唱し、フォーカシングを開発した。 ○ ▶A036

□17 催眠下で得られる重たい感じや温かい感じに着目し、自律訓練法を開発したのはシュルツである。 ○ ▶A039

□18 自律訓練法では、言語公式と関連のある身体部位への能動的な注意集中が重視される。 × ▶A040

□19 心理劇（サイコドラマ）はモレノによって考案された、即興劇の形式を用いた集団心理療法である。 ○ ▶A042

□20 質問紙法では、ある特定の反応を引き出すことのないような曖昧な刺激を提示し、その刺激に対する反応からパーソナリティを推測するという手続きをとる。 × ▶A044

□21 モーズレイ性格検査（MPI）は、投影法に分類される。 × ▶A045

□22 バウムテストは、コッホが考案した投影法による性格検査である。 ○ ▶A046

□23 ミネソタ多面人格目録（MMPI）は、ハサウェイとマッキンレイによって作られた質問紙法による性格検査である。 ○ ▶A047

□24 内田クレペリン精神作業検査では、インクブロットを課題の素材とする。 × ▶A050

□25 ウェクスラー式知能検査には、児童用としてWISCがある。 ○ ▶A052

□26 心理検査の妥当性を確認するための方法の一つに、同一の対象者に対して同一の質問項目を2回実施する折半法がある。 × ▶A055

□27 自由回答形式の質問のみ用意する、あるいは決められた質問項目を用意せずに進める面接法は、構造化面接に分類される。 × ▶A056

□28 アメリカ心理学会が作成した、精神疾患の診断・統計マニュアルをDSMという。 × ▶A059

□29 現在の統合失調症に相当する、早発性痴呆という疾病概念を提唱したのは、クレペリンである。 ○ ▶A060

- [ ] **30** DSM-5の躁病エピソードの基準には、抑うつ気分や死についての反復思考、疲労感または気力の減退が含まれている。　×　▶A064
- [ ] **31** 解離性健忘のうち、自分のこれまでの人生すべてが思い出せなくなっている場合が、解離性同一症である。　×　▶A067
- [ ] **32** パニック症では、パニック発作が繰り返され、発作への予期不安や外出への困難が生じる。　○　▶A073
- [ ] **33** 恐怖症や強迫症の治療には、行動療法の一種として開発された恐怖突入が最も効果がある。　×　▶A075
- [ ] **34** シフネオスは、自分の感情やイメージへの気づきが過剰で、内省にとらわれやすい特徴をアレキシサイミアと呼んだ。　×　▶A079
- [ ] **35** 摂食障害の有病率には性差があり、男性よりも女性に見られやすい。　○　▶A080
- [ ] **36** かつては、統合失調症、躁うつ病、てんかんが三大精神病と呼ばれていた。　○　▶A086
- [ ] **37** MMSEは、認知症のスクリーニングに用いるための検査で、全9問から構成され、最後の問題は野菜の名前の自由放出である。　×　▶A090
- [ ] **38** アクスラインによる遊戯療法の8原則の中には、必要な制限を設けるという原則がある。　○　▶A094
- [ ] **39** 非行は反社会的行動、引きこもりは非社会的行動に分類される。　○　▶A097
- [ ] **40** ネグレクトは、身体的暴力のような、養育行為の中にあってはいけないことが継続される児童虐待の類型である。　×　▶A099
- [ ] **41** システム論に基づく家族療法では、家族力動において病理の根源となっている成員をIPと表現する。　×　▶A104
- [ ] **42** バーンによる交流分析では、大きく3種、分けて5種の自我状態があると考える。　○　▶A106
- [ ] **43** 1965年に、心理学者の教育に関して開催されたボルダー会議が、今日のコミュニティ心理学の出発点だとされる。　×　▶A109

□44　コンサルティとは、コンサルテーションにおいて、コンサルタントからの助言に基づいて直接援助活動を行う立ち位置をさす。 ○ ▶A112

□45　モレノは、心理劇（サイコドラマ）やソシオメトリック・テストを考案した。 ○ ▶A117

□46　構成的グループ・エンカウンターは、思いを述べ合うシェアリングを十分に行ってからエクササイズへと進むように計画される。 × ▶A119

□47　EBMの考え方では、治療方針は治療の効果の存在や程度を示す科学的根拠に基づいて定める。 ○ ▶A122

□48　マイクロカウンセリングでは、カウンセリングの技法を下図のように細分、階層化することで、修得しやすくしている。 ○ ▶A126

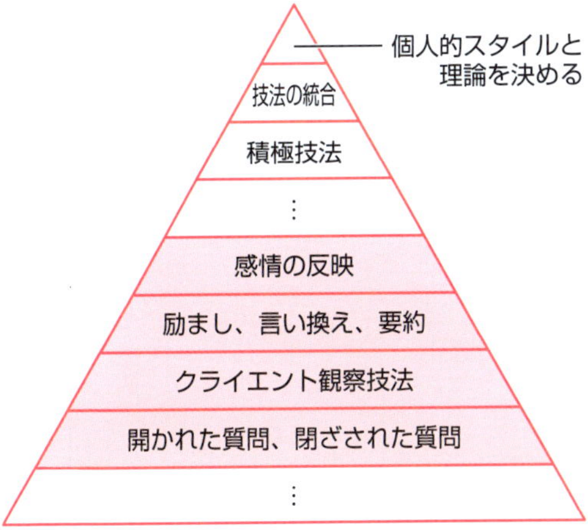

個人的スタイルと理論を決める
技法の統合
積極技法
⋮
感情の反映
励まし、言い換え、要約
クライエント観察技法
開かれた質問、閉ざされた質問
⋮

□49　内観法は、森田正馬が創始した日本の心理療法である。 × ▶A128

□50　日本で生まれた心理療法の一つに、成瀬悟策が開発した臨床動作法がある。 ○ ▶A131

5 臨床・障害

●図版の引用文献

1 原理・研究法・歴史
A078 以下に掲載されたクリエイティブ・コモンズ
https://commons.wikimedia.org/wiki/File:W._Wundt.jpg
Q126 以下に掲載されたクリエイティブ・コモンズ
https://commons.wikimedia.org/wiki/File:Tower_of_Hanoi.jpeg

2 学習・認知・知覚
Q004 今田 寛（1996）．学習の心理学　培風館
Q018 レイノルズ, G. S. 浅野俊夫（訳）（1978）．オペラント心理学入門　サイエンス社　p.82
Q038 Baddeley, A. D., Allen, R. J., & Hitch, G. J. (2011). Binding in visual working memory: The role of the episodic buffer. *Neuropsychologia*, **49(6)**, 1393-1400.
Q043 Collins, A. M. & Loftus, E. F. (1975). A Spreading Activation Theory of Semantic Processing. *Psychological Review*, **82**, 407-428.
A042 Squire, L. R. (1987). *Memory and brain*. New York: Oxford University Press.
Q046 Rubin, D. C. (2000). The distribution of early childhood memories. *Memory*, **8(4)**, 265-269.

4 社会・感情・性格
A081 Bower, G. H. (1981). Mood and memory. *American Psychologist*, **36**, 129-148.
A094 小塩真司（2010）．はじめて学ぶパーソナリティ心理学　ミネルヴァ書房　p.109

5 臨床・障害
Q005 フロイト, S. 古沢平作（訳）（1969）．改訂版フロイド選集3　続精神分析入門　日本教文社

●編集委員

藤田主一（日本体育大学名誉教授）
太田信夫（筑波大学名誉教授）
堀毛一也（岩手大学名誉教授）
小野瀬雅人（聖徳大学教授）
小林剛史（文京学院大学教授）
今野裕之（目白大学教授）
沢宮容子（東京成徳大学教授）
村松健司（放送大学教授）
生駒　忍（川村学園女子大学）

●執筆責任者

生駒　忍

●科目別執筆者

〈原理・研究法・歴史〉　生駒　忍
〈学習・認知・知覚〉　　上田紋佳（北九州市立大学）
〈発達・教育〉　　　　　永井　智（立正大学）
〈社会・感情・性格〉　　丹野宏昭（WizWe習慣化研究所）
〈臨床・障害〉　　　　　田村英恵（立正大学）
　　　　　　　　　　　　生駒　忍

● 心理学検定公式ホームページ　https://jupaken.jp/
　受検に関する最新情報は、公式ホームページでご確認ください。

●本書の内容に関するお問合せについて

本書の内容に誤りと思われるところがありましたら，まずは小社ブックスサイト
（books.jitsumu.co.jp）中の本書ページ内にある正誤表・訂正表をご確認ください。
正誤表・訂正表がない場合や訂正表に該当箇所が掲載されていない場合は，書名，
発行年月日，お客様の名前・連絡先，該当箇所のページ番号と具体的な誤りの内容・
理由等をご記入のうえ，郵便，FAX，メールにてお問合せください。
〒163-8671　東京都新宿区新宿1-1-12　　実務教育出版　第二編集部問合せ窓口
FAX：03-5369-2237　　E-mail：jitsumu_2hen@jitsumu.co.jp
【ご注意】
※電話でのお問合せは，一切受け付けておりません。
※内容の正誤以外のお問合せ（詳しい解説・受験指導のご要望等）には対応できません。

心理学検定　一問一答問題集［A領域編］

2016年3月10日　　初版第1刷発行　　　　　　　　　　〈検印省略〉
2024年8月10日　　初版第11刷発行

編　者　日本心理学諸学会連合　心理学検定局
発行者　淺井　亨

発行所　株式会社 実務教育出版
　　　　〒163-8671　東京都新宿区新宿1-1-12
　　　　☎編集　03-3355-1812　　販売　03-3355-1951
　　　　振替　00160-0-78270
組　版　明昌堂
印　刷　壮光舎印刷
製　本　東京美術紙工

©Japanese Union of Psychological Associations 2016
ISBN 978-4-7889-6101-2 C3011　Printed in Japan
著作権法上での例外を除き，本書の全部または一部を無断で複写，複製，転載すること
を禁じます。
乱丁・落丁本は小社にてお取り替えいたします。